PRÉFACE

La collection de guides de conversation "Tout ira bien!", publié par T&P Books, est conçue pour les gens qui voyagent par affaire ou par plaisir. Les guides de conversations contiennent le plus important - l'essentiel pour la communication de base. Il s'agit d'une série indispensable de phrases pour survivre à l'étranger.

Ce guide de conversation vous aidera dans la plupart des cas où vous devez demander quelque chose, trouver une direction, découvrir le prix d'un souvenir, etc. Il peut aussi résoudre des situations de communication difficile lorsque la gesticulation n'aide pas.

Le livre contient beaucoup de phrases qui ont été groupées par thèmes. Vous trouverez aussi un vocabulaire des 3000 mots les plus couramment utilisés. Une autre section du guide contient un glossaire gastronomique qui peut être utile lorsque vous faites le marché ou commandez des plats au restaurant.

Emmenez avec vous un guide de conversation "Tout ira bien!" sur la route et vous aurez un compagnon de voyage irremplaçable qui vous aidera à vous sortir de toutes les situations et vous enseignera à ne pas avoir peur de parler aux étrangers.

TABLE DES MATIÈRES

Prononciation	5
Liste des abréviations	6
Guide de conversation Français-Japonais	7
Vocabulaire thématique	73
Glossaire gastronomique	195

T&P Books Publishing

Collection de guides de conversation
"Tout ira bien!"

T&P Books Publishing

GUIDE DE
CONVERSATION
— JAPONAIS —

Par Andrey Taranov

LES PHRASES
LES PLUS
UTILES

Ce guide de conversation
contient les phrases et
les questions les plus
communes et nécessaires
pour communiquer avec
des étrangers

T&P BOOKS

Guide de conversation + dictionnaire de 3000 mots

Guide de conversation Français-Japonais et vocabulaire thématique de 3000 mots

Par Andrey Taranov

La collection de guides de conversation "Tout ira bien!", publiée par T&P Books, est conçue pour les gens qui voyagent par affaire ou par plaisir. Les guides contiennent l'essentiel pour la communication de base. Il s'agit d'une série indispensable de phrases pour "survivre" à l'étranger.

Ce livre inclut un dictionnaire thématique qui contient près de 3000 des mots les plus fréquemment utilisés. Une autre section du guide contient un glossaire gastronomique qui peut être utile lorsque vous faites le marché ou commandez des plats au restaurant.

T&P Books Publishing
www.tpbooks.com

ISBN: 978-1-78492-553-6

Ce livre existe également en format électronique.
Pour plus d'informations, veuillez consulter notre site: www.tpbooks.com
ou rendez-vous sur ceux des grandes librairies en ligne.

PRONONCIATION

Hiragana	Katakana	Romaji	Exemple en japonais	Alphabet phonétique T&P	Exemple en français

Consonnes

Hiragana	Katakana	Romaji	Exemple en japonais	Alphabet phonétique T&P	Exemple en français
あ	ア	a	あなた	[a]	classe
い	イ	i	いす	[i], [iː]	faillite
う	ウ	u	うた	[u], [uː]	couronne
え	エ	e	いいえ	[e]	équipe
お	オ	o	しお	[ɔ]	robinet
や	ヤ	ya	やすみ	[jɑ]	familial
ゆ	ユ	yu	ふゆ	[ju]	voyou
よ	ヨ	yo	ようす	[jɔ]	pavillon

Syllabes

Hiragana	Katakana	Romaji	Exemple en japonais	Alphabet phonétique T&P	Exemple en français
ば	バ	b	ばん	[b]	bureau
ち	チ	ch	ちち	[tʃ]	match
だ	ダ	d	からだ	[d]	document
ふ	フ	f	ひふ	[f]	formule
が	ガ	g	がっこう	[g]	gris
は	ハ	h	はは	[h]	h aspiré
じ	ジ	j	じしょ	[dʒ]	adjoint
か	カ	k	かぎ	[k]	bocal
む	ム	m	さむらい	[m]	minéral
に	ニ	n	にもつ	[n]	ananas
ぱ	パ	p	パン	[p]	panama
ら	ラ	r	いくら	[r]	racine
さ	サ	s	あさ	[s]	syndicat
し	シ	sh	わたし	[ɕ]	chiffre
た	タ	t	ふた	[t]	tennis
つ	ツ	ts	いくつ	[ts]	gratte-ciel
わ	ワ	w	わた	[w]	iguane
ざ	ザ	z	ざっし	[dz]	pizza

LISTE DES ABRÉVIATIONS

Abréviations en français

adj	-	adjective
adv	-	adverbe
anim.	-	animé
conj	-	conjonction
dénombr.	-	dénombrable
etc.	-	et cetera
f	-	nom féminin
f pl	-	féminin pluriel
fam.	-	familiar
fem.	-	féminin
form.	-	formal
inanim.	-	inanimé
indénombr.	-	indénombrable
m	-	nom masculin
m pl	-	masculin pluriel
m, f	-	masculin, féminin
masc.	-	masculin
math	-	mathematics
mil.	-	militaire
pl	-	pluriel
prep	-	préposition
pron	-	pronom
qch	-	quelque chose
qn	-	quelqu'un
sing.	-	singulier
v aux	-	verbe auxiliaire
v imp	-	verbe impersonnel
vi	-	verbe intransitif
vi, vt	-	verbe intransitif, transitif
vp	-	verbe pronominal
vt	-	verbe transitif

GUIDE DE CONVERSATION JAPONAIS

Cette section contient des phrases importantes qui peuvent être utiles dans des situations courantes. Le guide vous aidera à demander des directions, clarifier le prix, acheter des billets et commander des plats au restaurant

T&P Books Publishing

CONTENU DU GUIDE DE CONVERSATION

Les essentiels 10
Questions 13
Besoins 14
Comment demander la direction 16
Affiches, Pancartes 18
Transport - Phrases générales 20
Acheter un billet 22
L'autobus 24
Train 26
Sur le train - Dialogue (Pas de billet) 28
Taxi 29
Hôtel 31
Restaurant 34
Shopping. Faire les Magasins 36
En ville 38
L'argent 40

Le temps	42
Salutations - Introductions	44
Les adieux	46
Une langue étrangère	48
Les excuses	49
Les accords	50
Refus, exprimer le doute	51
Exprimer la gratitude	53
Félicitations. Vœux de fête	55
Socialiser	56
Partager des impressions. Émotions	59
Problèmes. Accidents	61
Problèmes de santé	64
À la pharmacie	67
Les essentiels	69

T&P Books Publishing

Excusez-moi, ...	すみません、… [sumimasen, ...]
Bonjour	こんにちは。 [konnichiwa]
Merci	ありがとうございます。 [arigatō gozai masu]
Au revoir	さようなら。 [sayōnara]
Oui	はい。 [hai]
Non	いいえ。 [īe]
Je ne sais pas.	わかりません。 [wakari masen]
Où?	Où?	Quand?	どこ？ ｜ どこへ？ ｜ いつ？ [doko ? ｜ doko e ? ｜ i tsu ?]

J'ai besoin de ...	…が必要です [... ga hitsuyō desu]
Je veux ...	したいです [shi tai desu]
Avez-vous ... ?	…をお持ちですか？ [... wo o mochi desu ka ?]
Est-ce qu'il y a ... ici?	ここには…がありますか？ [koko ni wa ... ga ari masu ka ?]
Puis-je ... ?	…してもいいですか？ [... shi te mo ī desu ka ?]
s'il vous plaît (pour une demande)	お願いします。 [onegai shi masu]

Je cherche ...	…を探しています [... wo sagashi te i masu]
les toilettes	トイレ [toire]
un distributeur	ＡＴＭ [ētīemu]
une pharmacie	薬局 [yakkyoku]
l'hôpital	病院 [byōin]
le commissariat de police	警察 [keisatsu]
une station de métro	地下鉄 [chikatetsu]

un taxi	タクシー [takushī]
la gare	駅 [eki]

Je m'appelle ...	私は…と申します [watashi wa ... to mōshi masu]
Comment vous appelez-vous?	お名前は何ですか？ [o namae wa nan desu ka ?]
Aidez-moi, s'il vous plaît.	助けていただけますか？ [tasuke te itadake masu ka ?]
J'ai un problème.	困ったことがあります。 [komatta koto ga arimasu]
Je ne me sens pas bien.	気分が悪いのです。 [kibun ga warui nodesu]
Appelez une ambulance!	救急車を呼んで下さい！ [kyūkyū sha wo yon de kudasai !]
Puis-je faire un appel?	電話をしてもいいですか？ [denwa wo shi te mo ī desu ka ?]

Excusez-moi.	ごめんなさい。 [gomennasai]
Je vous en prie.	どういたしまして。 [dōitashimashite]

je, moi	私 [watashi]
tu, toi	君 [kimi]
il	彼 [kare]
elle	彼女 [kanojo]
ils	彼ら [karera]
elles	彼女たち [kanojotachi]
nous	私たち [watashi tachi]
vous	君たち [kimi tachi]
Vous	あなた [anata]

ENTRÉE	入り口 [iriguchi]
SORTIE	出口 [deguchi]
HORS SERVICE	EN PANNE	故障中 [koshō chū]
FERMÉ	休業中 [kyūgyō chū]

OUVERT

営業中
[eigyō chū]

POUR LES FEMMES

女性用
[josei yō]

POUR LES HOMMES

男性用
[dansei yō]

Questions

Où? (lieu)	どこ？ [doko ?]
Où? (direction)	どこへ？ [doko e ?]
D'où?	どこから？ [doko kara ?]
Pourquoi?	どうしてですか？ [dōshite desu ka ?]
Pour quelle raison?	なんのためですか？ [nan no tame desu ka ?]
Quand?	いつですか？ [i tsu desu ka ?]
Combien de temps?	どのぐらいですか？ [dono gurai desu ka ?]
À quelle heure?	何時にですか？ [nan ji ni desu ka ?]
C'est combien?	いくらですか？ [ikura desu ka ?]
Avez-vous ... ?	…をお持ちですか？ [… wo o mochi desu ka ?]
Où est ..., s'il vous plaît?	…はどこですか？ [… wa doko desu ka ?]
Quelle heure est-il?	何時ですか？ [nan ji desu ka ?]
Puis-je faire un appel?	電話をしてもいいですか？ [denwa wo shi te mo ī desu ka ?]
Qui est là?	誰ですか？ [dare desu ka ?]
Puis-je fumer ici?	ここでタバコを吸ってもいいですか？ [koko de tabako wo sutte mo ī desu ka ?]
Puis-je ...?	…してもいいですか？ [… shi te mo ī desu ka ?]

Besoins

Je voudrais …	…をしたいのですが [… wo shi tai no desu ga]
Je ne veux pas …	…したくないです [… shi taku nai desu]
J'ai soif.	喉が渇きました。 [nodo ga kawaki mashi ta]
Je veux dormir.	眠りたいです。 [nemuri tai desu]
Je veux …	したいです [shi tai desu]
me laver	洗いたい [arai tai]
brosser mes dents	歯を磨きたい [ha wo migaki tai]
me reposer un instant	しばらく休みたい [shibaraku yasumi tai]
changer de vêtements	着替えたい [kigae tai]
retourner à l'hôtel	ホテルに戻る [hoteru ni modoru]
acheter …	…を買う [… wo kau]
aller à …	…へ行く [… e iku]
visiter …	…を訪問する [… wo hōmon suru]
rencontrer …	…と会う [… to au]
faire un appel	電話をする [denwa wo suru]
Je suis fatigué /fatiguée/	疲れています。 [tsukare te i masu]
Nous sommes fatigués /fatiguées/	私たちは疲れました。 [watashi tachi wa tsukare mashita]
J'ai froid.	寒いです。 [samui desu]
J'ai chaud.	暑いです。 [atsui desu]
Je suis bien.	大丈夫です。 [daijōbu desu]

Il me faut faire un appel.

電話をしなければなりません。
[denwa wo shi nakere ba nari masen]

J'ai besoin d'aller aux toilettes.

トイレへ行きたいです。
[toire e iki tai desu]

Il faut que j'aille.

行かなければいけません。
[ika nakere ba ike masen]

Je dois partir maintenant.

今すぐ行かなければいけません。
[ima sugu ika nakere ba ike masen]

Comment demander la direction

Excusez-moi, ...	すみません、… [sumimasen, ...]
Où est ..., s'il vous plaît?	…はどこですか？ [... wa doko desu ka ?]
Dans quelle direction est ... ?	…はどちらですか？ […wa dochira desu ka ?]
Pouvez-vous m'aider, s'il vous plaît ?	助けていただけますか？ [tasuke te itadake masu ka ?]
Je cherche ...	…を探しています [... wo sagashi te i masu]
La sortie, s'il vous plaît?	出口を探しています。 [deguchi wo sagashi te i masu]
Je vais à ...	…へ行く予定です [... e iku yotei desu]
C'est la bonne direction pour ...?	…へはこの道で合っていますか？ […e wa kono michi de atte i masu ka ?]
C'est loin?	遠いですか？ [tōi desu ka ?]
Est-ce que je peux y aller à pied?	そこまで歩いて行けますか？ [soko made arui te ike masu ka ?]
Pouvez-vous me le montrer sur la carte?	地図で教えて頂けますか？ [chizu de oshie te itadake masu ka ?]
Montrez-moi où sommes-nous, s'il vous plaît.	今どこにいるかを教えて下さい。 [ima doko ni iru ka wo oshie te kudasai]
Ici	ここです [koko desu]
Là-bas	あちらです [achira desu]
Par ici	こちらです [kochira desu]
Tournez à droite.	右に曲がって下さい。 [migi ni magatte kudasai]
Tournez à gauche.	左に曲がって下さい。 [hidari ni magatte kudasai]
Prenez la première (deuxième, troisième) rue.	1つ目（2つ目、3つ目） の曲がり角 [hitotsume (futatsume, mittsume) no magarikado]
à droite	右に [migi ni]

à gauche

左に
[hidari ni]

Continuez tout droit.

まっすぐ歩いて下さい。
[massugu arui te kudasai]

Affiches, Pancartes

BIENVENUE!	いらっしゃいませ！	[irasshai mase !]
ENTRÉE	入り口	[iriguchi]
SORTIE	出口	[deguchi]

POUSSEZ	押す	[osu]
TIREZ	引く	[hiku]
OUVERT	営業中	[eigyō chū]
FERMÉ	休業中	[kyūgyō chū]

POUR LES FEMMES	女性用	[josei yō]
POUR LES HOMMES	男性用	[dansei yō]
MESSIEURS (M)	男性用	[dansei yō]
FEMMES (F)	女性用	[josei yō]

RABAIS	SOLDES	営業	[eigyō]
PROMOTION	セール	[sēru]
GRATUIT	無料	[muryō]
NOUVEAU!	新商品！	[shin shōhin !]
ATTENTION!	目玉品！	[medama hin !]

COMPLET	満員	[man in]
RÉSERVÉ	ご予約済み	[go yoyaku zumi]
ADMINISTRATION	管理	[kanri]
PERSONNEL SEULEMENT	社員専用	[shain senyō]

ATTENTION AU CHIEN! 猛犬注意
[mōken chūi]

NE PAS FUMER! 禁煙！
[kin en !]

NE PAS TOUCHER! 触るな危険！
[sawaru na kiken !]

DANGEREUX 危ない
[abunai]

DANGER 危険
[kiken]

HAUTE TENSION 高電圧
[kō denatsu]

BAIGNADE INTERDITE! 水泳禁止！
[suiei kinshi !]

HORS SERVICE | EN PANNE 故障中
[koshō chū]

INFLAMMABLE 火気注意
[kaki chūi]

INTERDIT 禁止
[kinshi]

ENTRÉE INTERDITE! 通り抜け禁止！
[tōrinuke kinshi !]

PEINTURE FRAÎCHE ペンキ塗り立て
[penki nuritate]

FERMÉ POUR TRAVAUX 改装閉鎖中
[kaisō heisa chū]

TRAVAUX EN COURS この先工事中
[kono saki kōji chū]

DÉVIATION 迂回
[ukai]

Transport - Phrases générales

avion	飛行機 [hikōki]
train	電車 [densha]
bus, autobus	バス [basu]
ferry	フェリー [ferī]
taxi	タクシー [takushī]
voiture	車 [kuruma]

horaire	時刻表 [jikoku hyō]
Où puis-je voir l'horaire?	どこで時刻表を見られますか？ [doko de jikoku hyō wo mirare masu ka ?]
jours ouvrables	平日 [heijitsu]
jours non ouvrables	週末 [shūmatsu]
jours fériés	祝日 [kokumin no syukujitsu]

DÉPART	出発 [shuppatsu]
ARRIVÉE	到着 [tōchaku]
RETARDÉE	遅延 [chien]
ANNULÉE	欠航 [kekkō]

prochain (train, etc.)	次の [tsugi no]
premier	最初の [saisho no]
dernier	最後の [saigono]

À quelle heure est le prochain ...?	次の…はいつですか？ [tsugi no ... wa i tsu desu ka ?]
À quelle heure est le premier ...?	最初の…はいつですか？ [saisho no ... wa i tsu desu ka ?]

À quelle heure est le dernier ...?

最後の…はいつですか？
[saigo no ... wa i tsu desu ka ?]

correspondance

乗り継ぎ
[noritsugi]

prendre la correspondance

乗り継ぎをする
[noritsugi wo suru]

Dois-je prendre la correspondance?

乗り継ぎをする必要がありますか？
[noritsugi o suru hitsuyō ga ari masu ka ?]

Acheter un billet

Où puis-je acheter des billets? | どこで乗車券を買えますか？
[doko de jōsha ken wo kae masu ka ?]

billet | 乗車券
[jōsha ken]

acheter un billet | 乗車券を買う
[jōsha ken wo kau]

le prix d'un billet | 乗車券の値段
[jōsha ken no nedan]

Pour aller où? | どこへ？
[doko e ?]

Quelle destination? | どこの駅へ？
[doko no eki e ?]

Je voudrais ... | …が必要です
[… ga hitsuyō desu]

un billet | 券 1枚
[ken ichi mai]

deux billets | 2枚
[ni mai]

trois billets | 3枚
[san mai]

aller simple | 片道
[katamichi]

aller-retour | 往復
[ōfuku]

première classe | ファーストクラス
[fāsuto kurasu]

classe économique | エコノミークラス
[ekonomī kurasu]

aujourd'hui | 今日
[kyō]

demain | 明日
[ashita]

après-demain | あさって
[asatte]

dans la matinée | 朝に
[asa ni]

l'après-midi | 昼に
[hiru ni]

dans la soirée | 晩に
[ban ni]

siège côté couloir	**通路側の席** [tsūro gawa no seki]
siège côté fenêtre	**窓側の席** [madogawa no seki]
C'est combien?	**いくらですか？** [ikura desu ka ?]
Puis-je payer avec la carte?	**カードで支払いができますか？** [kādo de shiharai ga deki masu ka ?]

L'autobus

bus, autobus	バス [basu]
autocar	高速バス [kōsoku basu]
arrêt d'autobus	バス停 [basutei]
Où est l'arrêt d'autobus le plus proche?	最寄りのバス停はどこですか？ [moyori no basutei wa doko desu ka ?]
numéro	数 [kazu]
Quel bus dois-je prendre pour aller à …?	…に行くにはどのバスに乗れば いいですか ？ […ni iku niwa dono basu ni nore ba ī desu ka … ?]
Est-ce que ce bus va à …?	このバスは…まで行きますか？ [kono basu wa … made iki masu ka ?]
L'autobus passe tous les combien?	バスはどのくらいの頻度で 来ますか？ [basu wa dono kurai no hindo de ki masu ka ?]
chaque quart d'heure	１５分おき [jyū go fun oki]
chaque demi-heure	３０分おき [sanjuppun oki]
chaque heure	１時間に １回 [ichi jikan ni ittu kai]
plusieurs fois par jour	１日に数回 [ichi nichi ni sū kai]
… fois par jour	１日に…回 [ichi nichi ni … kai]
horaire	時刻表 [jikoku hyō]
Où puis-je voir l'horaire?	どこで時刻表を見られますか？ [doko de jikoku hyō wo mirare masu ka ?]
À quelle heure passe le prochain bus?	次のバスは何時ですか？ [tsugi no basu wa nan ji desu ka ?]
À quelle heure passe le premier bus?	最初のバスは何時ですか？ [saisho no basu wa nan ji desu ka ?]
À quelle heure passe le dernier bus?	最後のバスは何時ですか？ [saigo no basu wa nan ji desu ka ?]

arrêt

バス停、停留所
[basutei, teiryūjo]

prochain arrêt

次のバス停、次の停留所
[tsugi no basutei, tsugi no teiryūjo]

terminus

最終停留所
[saishū teiryūjo]

Pouvez-vous arrêter ici, s'il vous plaît.

ここで止めてください。
[koko de tome te kudasai]

Excusez-moi, c'est mon arrêt.

すみません、ここで降ります。
[sumimasen, koko de ori masu]

Train

train	電車 [densha]
train de banlieue	郊外電車 [kōgai densha]
train de grande ligne	長距離列車 [chōkyori ressha]
la gare	電車の駅 [densha no eki]
Excusez-moi, où est la sortie vers les quais?	すみません、ホームへはど う行けばいいですか？ [sumimasen, hōmu e wa dō ike ba ī desu ka ?]

Est-ce que ce train va à ...?	この電車は…まで行きますか？ [kono densha wa ... made iki masu ka ?]
le prochain train	次の駅 [tsugi no eki]
À quelle heure est le prochain train?	次の電車は何時ですか？ [tsugi no densha wa nan ji desu ka ?]
Où puis-je voir l'horaire?	どこで時刻表を見られますか？ [doko de jikoku hyō wo mirare masu ka ?]
De quel quai?	どのホームからですか？ [dono hōmu kara desu ka ?]
À quelle heure arrive le train à ...?	電車はいつ到着しますか…？ [densha wa i tsu tōchaku shi masu ka ... ?]

Pouvez-vous m'aider, s'il vous plaît?	助けて下さい。 [tasuke te kudasai]
Je cherche ma place.	私の座席を探しています。 [watashi no zaseki wo sagashi te i masu]
Nous cherchons nos places.	私たちの座席を探し ています。 [watashi tachi no zaseki wo sagashi te i masu]
Ma place est occupée.	私の席に他の人が 座っています。 [watashi no seki ni hoka no hito ga suwatte i masu]
Nos places sont occupées.	私たちの席に他の人が 座っています。 [watashi tachi no seki ni hoka no hito ga suwatte i masu.]

Excusez-moi, mais c'est ma place.

すみませんが、こちらは私
の席です。
[sumimasen ga, kochira wa watashi
no seki desu]

Est-ce que cette place est libre?

この席はふさがっていますか？
[kono seki wa husagatte i masu ka ?]

Puis-je m'asseoir ici?

ここに座ってもいいですか？
[koko ni suwatte mo ī desu ka ?]

Sur le train - Dialogue (Pas de billet)

Votre billet, s'il vous plaît.
乗車券を見せて下さい。
[jōsha ken wo mise te kudasai]

Je n'ai pas de billet.
乗車券を持っていません。
[jōsha ken wo motte i masen]

J'ai perdu mon billet.
乗車券を失くしました。
[jōsha ken wo nakushi mashi ta]

J'ai oublié mon billet à la maison.
乗車券を家に忘れました。
[jōsha ken wo ie ni wasure mashi ta]

Vous pouvez m'acheter un billet.
私からも乗車券を購入できます。
[watashi kara mo jōsha ken wo kōnyū deki masu]

Vous devrez aussi payer une amende.
それから罰金を払わなければいけません。
[sorekara bakkin wo harawa nakere ba ike masen]

D'accord.
わかりました。
[wakari mashi ta]

Où allez-vous?
行き先はどこですか？
[yukisaki wa doko desu ka ?]

Je vais à ...
…に行きます。
[... ni iki masu]

Combien? Je ne comprend pas.
いくらですか？ わかりません。
[ikura desu ka ? wakari masen]

Pouvez-vous l'écrire, s'il vous plaît.
書いてください。
[kai te kudasai]

D'accord. Puis-je payer avec la carte?
わかりました。クレジットカードで支払いできますか？
[wakari mashi ta. kurejittokādo de shiharaideki masu ka ?]

Oui, bien sûr.
はい。
[hai]

Voici votre reçu.
レシートです。
[reshīto desu]

Désolé pour l'amende.
罰金をいただいてすみません。
[bakkin wo itadaite sumimasen]

Ça va. C'est de ma faute.
大丈夫です。私のせいですから。
[daijōbu desu. watashi no sei desu kara]

Bon voyage.
良い旅を。
[yoi tabi wo]

Taxi

taxi	タクシー [takushī]
chauffeur de taxi	タクシー運転手 [takushī unten shu]
prendre un taxi	タクシーをひろう [takushī wo hirō]
arrêt de taxi	タクシー乗り場 [takushī noriba]
Où puis-je trouver un taxi?	どこでタクシーをひろえますか？ [doko de takushī wo hiroe masu ka ?]
appeler un taxi	タクシーを呼ぶ [takushī wo yobu]
Il me faut un taxi.	タクシーが必要です。 [takushī ga hitsuyō desu]
maintenant	今すぐ。 [ima sugu]
Quelle est votre adresse?	住所はどこですか？ [jūsho wa doko desu ka ?]
Mon adresse est …	私の住所は…です [watashi no jūsho wa … desu]
Votre destination?	どちらへ行かれますか？ [dochira e ikare masu ka ?]
Excusez-moi, …	すみません、… [sumimasen, …]
Vous êtes libre ?	乗ってもいいですか？ [nottemo ī desu ka ?]
Combien ça coûte pour aller à …?	…までいくらですか？ [… made ikura desu ka ?]
Vous savez où ça se trouve?	どこにあるかご存知ですか？ [doko ni aru ka gozonji desu ka ?]
À l'aéroport, s'il vous plaît.	空港へお願いします。 [kūkō e onegai shi masu]
Arrêtez ici, s'il vous plaît.	ここで止めてください。 [koko de tome te kudasai]
Ce n'est pas ici.	ここではありません。 [koko de wa ari masen]
C'est la mauvaise adresse.	その住所は間違っています。 [sono jūsho wa machigatte i masu]
tournez à gauche	左へ曲がって下さい [hidari e magatte kudasai]
tournez à droite	右へ曲がって下さい [migi e magatte kudasai]

Combien je vous dois?	いくらですか？ [ikura desu ka ?]
J'aimerais avoir un reçu, s'il vous plaît.	領収書を下さい。 [ryōshū sho wo kudasai]
Gardez la monnaie.	おつりはいりません。 [o tsuri hairi masen]

Attendez-moi, s'il vous plaît …	待っていて頂けますか？ [matte i te itadake masu ka?]
cinq minutes	5分 [go fun]
dix minutes	10分 [juppun]
quinze minutes	15分 [jyū go fun]
vingt minutes	20分 [nijuppun]
une demi-heure	30分 [sanjuppun]

Hôtel

Bonjour.

こんにちは。
[konnichiwa]

Je m'appelle ...

私の名前は…です
[watashi no namae wa ... desu]

J'ai réservé une chambre.

予約をしました。
[yoyaku wo shi mashi ta]

Je voudrais ...

私は…が必要です
[watashi wa ... ga hitsuyō desu]

une chambre simple

シングルルーム
[shinguru rūmu]

une chambre double

ツインルーム
[tsuin rūmu]

C'est combien?

いくらですか？
[ikura desu ka ?]

C'est un peu cher.

それは少し高いです。
[sore wa sukoshi takai desu]

Avez-vous autre chose?

他にも選択肢はありますか？
[hoka ni mo sentakushi wa ari masu ka ?]

Je vais la prendre.

それにします。
[sore ni shi masu]

Je vais payer comptant.

現金で払います。
[genkin de harai masu]

J'ai un problème.

困ったことがあります。
[komatta koto ga arimasu]

Mon ... est cassé /Ma ... est cassée/

私の…が壊れています。
[watashi no ... ga koware te i masu]

Mon /Ma/ ... ne fonctionne pas.

私の…が故障しています。
[watashi no ... ga koshō shi te i masu]

télé

テレビ
[terebi]

air conditionné

エアコン
[eakon]

robinet

蛇口
[jaguchi]

douche

シャワー
[shawā]

évier

流し台
[nagashi dai]

coffre-fort

金庫
[kinko]

serrure de porte	錠 [jō]
prise électrique	電気のコンセント [dengen no konsento]
sèche-cheveux	ドライヤー [doraiyā]

Je n'ai pas ...	…がありません [… ga ari masen]
d'eau	水 [mizu]
de lumière	明かり [akari]
d'électricité	電気 [denki]

Pouvez-vous me donner ...?	…を頂けませんか？ [… wo itadake masenka ?]
une serviette	タオル [taoru]
une couverture	毛布 [mōfu]
des pantoufles	スリッパ [surippa]
une robe de chambre	バスローブ [basurōbu]
du shampoing	シャンプーを何本か [shanpū wo nannbon ka]
du savon	石鹸をいくつか [sekken wo ikutsu ka]

Je voudrais changer ma chambre.	部屋を変えたいのですが。 [heya wo kae tai no desu ga]
Je ne trouve pas ma clé.	鍵が見つかりません。 [kagi ga mitsukarimasenn]
Pourriez-vous ouvrir ma chambre, s'il vous plaît?	部屋を開けて頂けますか？ [heya wo ake te itadake masu ka ?]
Qui est là?	誰ですか？ [dare desu ka ?]
Entrez!	どうぞお入り下さい [dōzo o hairikudasai]
Une minute!	少々お待ち下さい！ [shōshō omachi kudasai !]
Pas maintenant, s'il vous plaît.	後にしてもらえますか。 [ato ni shi te morae masu ka]

Pouvez-vous venir à ma chambre, s'il vous plaît.	私の部屋に来て下さい。 [watashi no heya ni ki te kudasai]
J'aimerais avoir le service d'étage.	食事サービスをお願いしたい のですが。 [shokuji sābisu wo onegai shi tai no desu ga]

Mon numéro de chambre est le ...

私の部屋の番号は…
[watashi no heya no bangō wa ...]

Je pars ...

チェックアウトします…
[tyekkuauto shi masu ...]

Nous partons ...

私たちはチェックアウトします…
[watashi tachi wa tyekkuauto shi masu ...]

maintenant

今すぐ
[ima sugu]

cet après-midi

今日の午後
[kyō no gogo]

ce soir

今晩
[konban]

demain

明日
[ashita]

demain matin

明日の朝
[ashita no asa]

demain après-midi

明日の夕方
[ashita no yūgata]

après-demain

あさって
[asatte]

Je voudrais régler mon compte.

支払いをしたいのですが。
[shiharai wo shi tai no desu ga]

Tout était merveilleux.

何もかもがよかったです。
[nanimokamo ga yokatta desu]

Où puis-je trouver un taxi?

どこでタクシーをひろえますか？
[doko de takushī wo hiroe masu ka ?]

Pourriez-vous m'appeler un taxi,
s'il vous plaît?

タクシーを呼んでいただけますか？
[takushī wo yon de itadake masu ka ?]

Restaurant

Puis-je voir le menu, s'il vous plaît?　メニューを頂けますか？
[menyū wo itadake masu ka ?]

Une table pour une personne.　一人用の席をお願いします。
[hitori yō no seki wo onegai shimasu]

Nous sommes deux (trois, quatre).　2人（3人、4人）です。
[futari (san nin, yon nin) desu]

Fumeurs　喫煙
[kitsuen]

Non-fumeurs　禁煙
[kinen]

S'il vous plaît!　すみません！
[sumimasen !]

menu　メニュー
[menyū]

carte des vins　ワインリスト
[wain risuto]

Le menu, s'il vous plaît.　メニューを下さい。
[menyū wo kudasai]

Êtes-vous prêts à commander?　ご注文をお伺いしても
よろしいですか？
[go chūmon wo o ukagai shi te mo
yoroshī desu ka ?]

Qu'allez-vous prendre?　ご注文は何にしますか？
[go chūmon wa nani ni shi masu ka ?]

Je vais prendre …　…を下さい。
[… wo kudasai]

Je suis végétarien.　私はベジタリアンです。
[watashi wa bejitarian desu]

viande　肉
[niku]

poisson　魚
[sakana]

légumes　野菜
[yasai]

Avez-vous des plats végétariens?　ベジタリアン向けの料理はありますか？
[bejitarian muke no ryōri
wa ari masu ka ?]

Je ne mange pas de porc.　私は豚肉を食べません。
[watashi wa butaniku o tabe masen]

Il /elle/ ne mange pas de viande.　彼 /彼女/ は肉を食べません。
[kare /kanojo/ wa niku o tabe masen]

Je suis allergique à …　私は…にアレルギーがあります
[watashi wa … ni arerugī ga ari masu]

Pourriez-vous m'apporter …,　…を持ってきてもらえますか
s'il vous plaît.　[… wo motte ki te morae masu ka]

le sel | le poivre | du sucre　塩 | 胡椒 | 砂糖
[shio | koshō | satō]

un café | un thé | un dessert　コーヒー | お茶 | デザート
[kōhī | ocha | dezāto]

de l'eau | gazeuse | plate　水 | スパークリングウォーター | 真水
[mizu | supāku ringu wōtā | mamizu]

une cuillère | une fourchette | un couteau　スプーン | フォーク | ナイフ
[supūn | fōku | naifu]

une assiette | une serviette　プレート | ナプキン
[purēto | napukin]

Bon appétit!　どうぞお召し上がりください
[dōzo omeshiagari kudasai]

Un de plus, s'il vous plaît.　もう一つお願いします。
[mō hitotsu onegai shi masu]

C'était délicieux.　とても美味しかったです。
[totemo oishikatta desu]

l'addition | de la monnaie | le pourboire　勘定 | おつり | チップ
[kanjō | o tsuri | chippu]

L'addition, s'il vous plaît.　お勘定をお願いします。
[o kanjō wo onegai shi masu]

Puis-je payer avec la carte?　カードで支払いができますか？
[kādo de shiharai ga deki masu ka ?]

Excusez-moi, je crois qu'il y a une　すみません、間違いがあります。
erreur ici.　[sumimasen, machigai ga ari masu]

Shopping. Faire les Magasins

Est-ce que je peux vous aider?
いらっしゃいませ。
[irasshai mase]

Avez-vous ... ?
…をお持ちですか？
[... wo o mochi desu ka ?]

Je cherche ...
…を探しています
[... wo sagashi te i masu]

Il me faut ...
…が必要です
[... ga hitsuyō desu]

Je regarde seulement, merci.
ただ見ているだけです。
[tada mi te iru dake desu]

Nous regardons seulement, merci.
私たちはただ見ているだけです。
[watashi tachi wa tada mi te iru
dake desu]

Je reviendrai plus tard.
また後で来ます。
[mata atode ki masu]

On reviendra plus tard.
また後で来ます。
[mata atode ki masu]

Rabais | Soldes
値引き ｜ セール
[nebiki | sēru]

Montrez-moi, s'il vous plaît ...
…を見せていただけますか
[... wo mise te itadake masu ka]

Donnez-moi, s'il vous plaît ...
…をいただけますか
[... wo itadake masu ka]

Est-ce que je peux l'essayer?
試着できますか？
[shichaku deki masu ka ?]

Excusez-moi, où est la cabine
d'essayage?
すみません、試着室は
どこですか？
[sumimasen, shichaku shitsu wa
doko desu ka ?]

Quelle couleur aimeriez-vous?
どの色がお好みですか？
[dono iro ga o konomi desu ka ?]

taille | longueur
サイズ ｜ 長さ
[saizu | naga sa]

Est-ce que la taille convient ?
サイズは合いましたか？
[saizu wa ai mashi ta ka ?]

Combien ça coûte?
これはいくらですか？
[kore wa ikura desu ka ?]

C'est trop cher.
高すぎます。
[takasugi masu]

Je vais le prendre.

これにします。
[kore ni shi masu]

Excusez-moi, où est la caisse?

すみません、どこで支払いますか？
[sumimasen, doko de shiharai masu ka ?]

Payerez-vous comptant ou par carte de crédit?

現金とクレジットカードのどちら
でお支払いされますか？
[genkin to kurejittokādo no dochira de o shiharai sare masu ka ?]

Comptant | par carte de crédit

現金 ｜ クレジットカード
[genkin | kurejittokādo]

Voulez-vous un reçu?

レシートはお入り用ですか？
[reshīto ha oiriyō desu ka ?]

Oui, s'il vous plaît.

お願いします。
[onegai shi masu]

Non, ce n'est pas nécessaire.

いえ、結構です。
[ie, kekkō desu]

Merci. Bonne journée!

ありがとうございます。良い一日を！
[arigatō gozai masu. yoi ichi nichi wo !]

En ville

Excusez-moi, ...	すみません、… [sumimasen, ...]
Je cherche ...	…を探しています [watashi wa ... wo sagashi te i masu]
le métro	地下鉄 [chikatetsu]
mon hôtel	ホテル [hoteru]
le cinéma	映画館 [eiga kan]
un arrêt de taxi	タクシー乗り場 [takushī noriba]

un distributeur	ATM [ētīemu]
un bureau de change	両替所 [ryōgae sho]
un café internet	インターネットカフェ [intānetto kafe]
la rue ...	…通り [... tōri]
cette place-ci	この場所 [kono basho]

Savez-vous où se trouve ...?	…がどこにあるかご存知ですか？ [... ga doko ni aru ka gozonji desu ka ?]
Quelle est cette rue?	この通りの名前は何ですか？ [kono michi no namae wa nani desu ka ?]
Montrez-moi où sommes-nous, s'il vous plaît.	今どこにいるかを教えて下さい。 [ima doko ni iru ka wo oshie te kudasai]
Est-ce que je peux y aller à pied?	そこまで歩いて行けますか？ [soko made arui te ike masu ka ?]
Avez-vous une carte de la ville?	市内地図をお持ちですか？ [shinai chizu wo o mochi desu ka ?]

C'est combien pour un ticket?	チケットはいくらですか？ [chiketto wa ikura desu ka ?]
Est-ce que je peux faire des photos?	ここで写真を撮ってもいいですか？ [koko de shashin wo totte mo ī desu ka ?]
Êtes-vous ouvert?	開いていますか？ [hirai te i masu ka ?]

À quelle heure ouvrez-vous?

何時に開きますか？
[nan ji ni hiraki masu ka ?]

À quelle heure fermez-vous?

何時に閉まりますか？
[nan ji ni shimari masu ka ?]

L'argent

argent	お金 [okane]
argent liquide	現金 [genkin]
des billets	紙幣 [shihei]
petite monnaie	おつり [o tsuri]
l'addition | de la monnaie | le pourboire	勘定 | おつり | チップ [kanjō | o tsuri | chippu]
carte de crédit	クレジットカード [kurejittokādo]
portefeuille	財布 [saifu]
acheter	買う [kau]
payer	支払う [shiharau]
amende	罰金 [bakkin]
gratuit	無料 [muryō]
Où puis-je acheter ... ?	…はどこで買えますか？ [… wa doko de kae masu ka ?]
Est-ce que la banque est ouverte en ce moment?	銀行は今開いていますか？ [ginkō wa ima hirai te i masu ka ?]
À quelle heure ouvre-t-elle?	いつ開きますか？ [itsu hiraki masu ka ?]
À quelle heure ferme-t-elle?	いつ閉まりますか？ [itsu shimari masu ka ?]
C'est combien?	いくらですか？ [ikura desu ka ?]
Combien ça coûte?	これはいくらですか？ [kore wa ikura desu ka ?]
C'est trop cher.	高すぎます。 [takasugi masu]
Excusez-moi, où est la caisse?	すみません、レジはどこですか？ [sumimasen, reji wa doko desu ka ?]
L'addition, s'il vous plaît.	勘定をお願いします。 [kanjō wo onegai shi masu]

Puis-je payer avec la carte?　　　カードで支払いができますか？
[kādo de shiharai ga deki masu ka ?]

Est-ce qu'il y a un distributeur ici?　ここにＡＴＭはありますか？
[kokoni ētīemu wa ari masu ka ?]

Je cherche un distributeur.　　　ＡＴＭを探しています。
[ētīemu wo sagashi te i masu]

Je cherche un bureau de change.　両替所を探しています。
[ryōgae sho wo sagashi te i masu]

Je voudrais changer ...　　　両替をしたいのですが…
[ryōgae wo shi tai no desu ga...]

Quel est le taux de change?　　為替レートはいくらですか？
[kawase rēto wa ikura desu ka ?]

Avez-vous besoin de mon passeport?　パスポートは必要ですか？
[pasupōto ha hituyō desu ka ?]

Le temps

Quelle heure est-il?	何時ですか？ [nan ji desu ka ?]
Quand?	いつですか？ [i tsu desu ka ?]
À quelle heure?	何時にですか？ [nan ji ni desu ka ?]
maintenant | plus tard | après ...	今 | 1後で | …の後 [ima |ato de | … no ato]

une heure	1時 [ichi ji]
une heure et quart	1時15分 [ichi ji jyū go fun]
une heure et demie	1時半 [ichi ji han]
deux heures moins quart	1時45分 [ichi ji yon jyū go fun]

un | deux | trois	1 | 2 | 3 [ichi | ni | san]
quatre | cinq | six	4 | 5 | 6 [yonn | go |roku]
sept | huit | neuf	7 | 8 | 9 [shichi | hachi | kyū]
dix | onze | douze	10 | 11 | 12 [jyū | jyūichi | jyūni]

dans ...	…後 [… go]
cinq minutes	5分 [go fun]
dix minutes	10分 [juppun]
quinze minutes	15分 [jyū go fun]
vingt minutes	20分 [nijuppun]

une demi-heure	30分 [sanjuppun]
une heure	一時間 [ichi jikan]

dans la matinée	朝に [asa ni]
tôt le matin	早朝 [sōchō]
ce matin	今朝 [kesa]
demain matin	明日の朝 [ashita no asa]
à midi	ランチのときに [ranchi no toki ni]
dans l'après-midi	午後に [gogo ni]
dans la soirée	夕方 [yūgata]
ce soir	今夜 [konya]
la nuit	夜 [yoru]
hier	昨日 [kinō]
aujourd'hui	今日 [kyō]
demain	明日 [ashita]
après-demain	あさって [asatte]
Quel jour sommes-nous aujourd'hui?	今日は何曜日ですか？ [kyō wa nan yōbi desu ka ?]
Nous sommes …	…です [… desu]
lundi	月曜日 [getsuyōbi]
mardi	火曜日 [kayōbi]
mercredi	水曜日 [suiyōbi]
jeudi	木曜日 [mokuyōbi]
vendredi	金曜日 [kinyōbi]
samedi	土曜日 [doyōbi]
dimanche	日曜日 [nichiyōbi]

Salutations - Introductions

Bonjour.	こんにちは。 [konnichiwa]
Enchanté /Enchantée/	お会いできて嬉しいです。 [o aideki te ureshī desu]
Moi aussi.	こちらこそ。 [kochira koso]
Je voudrais vous présenter ...	…さんに会わせていただきたいのですが [… san ni awasete itadaki tai no desu ga]
Ravi /Ravie/ de vous rencontrer.	初めまして。 [hajime mashite]

Comment allez-vous?	お元気ですか？ [o genki desu ka ?]
Je m'appelle ...	私の名前は…です [watashi no namae wa ... desu]
Il s'appelle ...	彼の名前は…です [kare no namae wa ... desu]
Elle s'appelle ...	彼女の名前は…です [kanojo no namae wa ... desu]
Comment vous appelez-vous?	お名前は何ですか？ [o namae wa nan desu ka ?]
Quel est son nom?	彼の名前は何ですか？ [kare no namae wa nan desu ka ?]
Quel est son nom?	彼女の名前は何ですか？ [kanojo no namae wa nan desu ka ?]

Quel est votre nom de famille?	苗字は何ですか？ [myōji wa nan desu ka ?]
Vous pouvez m'appeler ...	…と呼んで下さい [... to yon de kudasai]
D'où êtes-vous?	ご出身はどちらですか？ [go shusshin wa dochira desu ka ?]
Je suis de ...	…の出身です [... no shusshin desu]
Qu'est-ce que vous faites dans la vie?	お仕事は何をされていますか？ [o shigoto wa nani wo sare te i masu ka ?]
Qui est-ce?	誰ですか？ [dare desu ka ?]
Qui est-il?	彼は誰ですか？ [kare wa dare desu ka ?]
Qui est-elle?	彼女は誰ですか？ [kanojo wa dare desu ka ?]
Qui sont-ils?	彼らは誰ですか？ [karera wa dare desu ka ?]

C'est …

こちらは…
[kochira wa …]

mon ami

私の友達です
[watashi no tomodachi desu]

mon amie

私の友達です
[watashi no tomodachi desu]

mon mari

私の主人です
[watashi no shujin desu]

ma femme

私の妻です
[watashi no tsuma desu]

mon père

私の父です
[watashi no chichi desu]

ma mère

私の母です
[watashi no haha desu]

mon frère

私の兄です
[watashi no ani desu]

ma sœur

私の妹です
[watashi no imōto desu]

mon fils

私の息子です
[watashi no musuko desu]

ma fille

私の娘です
[watashi no musume desu]

C'est notre fils.

私たちの息子です。
[watashi tachi no musuko desu]

C'est notre fille.

私たちの娘です。
[watashi tachi no musume desu]

Ce sont mes enfants.

私の子供です。
[watashi no kodomo desu]

Ce sont nos enfants.

私たちの子供です。
[watashi tachi no kodomo desu]

Les adieux

Au revoir!	さようなら！ [sayōnara !]
Salut!	じゃあね！ [jā ne !]
À demain.	また明日。 [mata ashita]
À bientôt.	またね。 [mata ne]
On se revoit à sept heures.	7時に会おう。 [shichi ji ni ao u]
Amusez-vous bien!	楽しんでね！ [tanoshin de ne !]
On se voit plus tard.	じゃあ後で。 [jā atode]
Bonne fin de semaine.	良い週末を。 [yoi shūmatsu wo]
Bonne nuit.	お休みなさい。 [o yasuminasai]
Il est l'heure que je parte.	もう時間です。 [mō jikan desu]
Je dois m'en aller.	もう行かなければなりません。 [mō ika nakere ba nari masen]
Je reviens tout de suite.	すぐ戻ります。 [sugu modori masu]
Il est tard.	もう遅いです。 [mō osoi desu]
Je dois me lever tôt.	早く起きなければいけません。 [hayaku oki nakere ba ike masen]
Je pars demain.	明日出発します。 [ashita shuppatsu shi masu]
Nous partons demain.	私たちは明日出発します。 [watashi tachi wa ashita shuppatsu shi masu]
Bon voyage!	旅行を楽しんで下さい！ [ryokō wo tanoshin de kudasai !]
Enchanté de faire votre connaissance.	お会いできて嬉しかったです。 [o shiriai ni nare te uresikatta desu]
Heureux /Heureuse/ d'avoir parlé avec vous.	お話できて良かったです。 [ohanashi deki te yokatta desu]

Merci pour tout.

色々とありがとうございました。
[iroiro to arigatō gozai mashi ta]

Je me suis vraiment amusé /amusée/

とても楽しかったです。
[totemo tanoshikatta desu]

Nous nous sommes vraiment
amusés /amusées/

とても楽しかったです。
[totemo tanoshikatta desu]

C'était vraiment plaisant.

とても楽しかった。
[totemo tanoshikatta]

Vous allez me manquer.

寂しくなります。
[sabishiku nari masu]

Vous allez nous manquer.

寂しくなります。
[sabishiku nari masu]

Bonne chance!

幸運を祈るよ！
[kōun wo inoru yo !]

Mes salutations à …

…に宜しくお伝え下さい。
[… ni yoroshiku otsutae kudasai]

Une langue étrangère

Je ne comprends pas.	分かりません。 [wakari masen]
Écrivez-le, s'il vous plaît.	それを書いて頂けますか？ [sore wo kai te itadake masu ka ?]
Parlez-vous ...?	…語で話せますか？ [... go de hanase masu ka ?]

Je parle un peu ...	…を少し話せます [...wo sukoshi hanase masu]
anglais	英語 [eigo]
turc	トルコ語 [toruko go]
arabe	アラビア語 [arabia go]
français	フランス語 [furansu go]

allemand	ドイツ語 [doitsu go]
italien	イタリア語 [itaria go]
espagnol	スペイン語 [supein go]
portugais	ポルトガル語 [porutogaru go]
chinois	中国語 [chūgoku go]
japonais	日本語 [nihon go]

Pouvez-vous le répéter, s'il vous plaît.	もう一度言っていただけますか。 [mōichido itte itadake masuka]
Je comprends.	分かりました。 [wakari mashi ta]
Je ne comprends pas.	分かりません。 [wakari masen]
Parlez plus lentement, s'il vous plaît.	もう少しゆっくり話して下さい。 [mōsukoshi yukkuri hanashi te kudasai]

Est-ce que c'est correct?	これで合っていますか？ [kore de atte i masu ka ?]
Qu'est-ce que c'est?	これは何ですか？ [kore wa nan desu ka ?]

Les excuses

Excusez-moi, s'il vous plaît.	すみませんがお願いします。 [sumimasen ga onegai shi masu]
Je suis désolé /désolée/	ごめんなさい。 [gomennasai]
Je suis vraiment /désolée/	本当にごめんなさい。 [hontōni gomennasai]
Désolé /Désolée/, c'est ma faute.	ごめんなさい、私のせいです。 [gomennasai, watashi no sei desu]
Au temps pour moi.	私の間違いでした。 [watashi no machigai deshi ta]
Puis-je ... ?	…してもいいですか？ [… shi te mo ī desu ka ?]
Ça vous dérange si je ...?	…してもよろしいですか？ [… shi te mo yoroshī desu ka ?]
Ce n'est pas grave.	構いません。 [kamai masen]
Ça va.	大丈夫です。 [daijōbu desu]
Ne vous inquiétez pas.	それについては心配しないで下さい。 [sore ni tuitewa shinpai shi nai de kudasai]

Les accords

Oui	はい。 [hai]
Oui, bien sûr.	はい、もちろん。 [hai, mochiron]
Bien.	わかりました。 [wakari mashi ta]
Très bien.	いいですよ。 [ī desuyo]
Bien sûr!	もちろん！ [mochiron !]
Je suis d'accord.	賛成です。 [sansei desu]
C'est correct.	それは正しい。 [sore wa tadashī]
C'est exact.	それは正しい。 [sore wa tadashī]
Vous avez raison.	あなたは合っています。 [anata wa atte imasu]
Je ne suis pas contre.	気にしていません。 [kinisite imasen]
Tout à fait correct.	完全に正しいです。 [kanzen ni tadashī desu]
C'est possible.	それは可能です。 [sore wa kanō desu]
C'est une bonne idée.	それはいい考えです。 [sore wa ī kangae desu]
Je ne peux pas dire non.	断ることができません。 [kotowaru koto ga deki masen]
J'en serai ravi /ravie/	喜んで。 [yorokon de]
Avec plaisir.	喜んで。 [yorokon de]

Refus, exprimer le doute

Non
いいえ。
[īe]

Absolument pas.
もちろん、違います。
[mochiron, chigai masu]

Je ne suis pas d'accord.
賛成できません。
[sansei deki masen]

Je ne le crois pas.
そうは思いません。
[sō wa omoi masen]

Ce n'est pas vrai.
それは事実ではありません。
[sore wa jijitsu de wa ari masen]

Vous avez tort.
あなたは間違っています。
[anata wa machigatte i masu]

Je pense que vous avez tort.
あなたは間違っていると思います。
[anata wa machigatte iru to omoi masu]

Je ne suis pas sûr /sûre/
わかりません。
[wakari masen]

C'est impossible.
それは不可能です。
[sore wa fukanō desu]

Pas du tout!
まさか！
[masaka !]

Au contraire!
全く反対です。
[mattaku hantai desu]

Je suis contre.
反対です。
[hantai desu]

Ça m'est égal.
構いません。
[kamai masen]

Je n'ai aucune idée.
全く分かりません。
[mattaku wakari masen]

Je doute que cela soit ainsi.
それはどうでしょう。
[sore wa dō desyō]

Désolé /Désolée/, je ne peux pas.
申し訳ありませんが、できません。
[mōshiwake arimasenga, deki masen]

Désolé /Désolée/, je ne veux pas.
申し訳ありませんが、遠慮させて
いただきたいのです。
[mōshiwake arimasenga,ennryosasete
itadakitai no desu]

Merci, mais ça ne m'intéresse pas.
ありがとうございます。でもそれは
必要ではありません。
[arigatō gozai masu. demo sore wa
hitsuyō de wa ari masen]

Il se fait tard.   もう遅いです。
[mō osoi desu]

Je dois me lever tôt.   早く起きなければいけません。
[hayaku oki nakere ba ike masen]

Je ne me sens pas bien.   気分が悪いのです。
[kibun ga warui nodesu]

Exprimer la gratitude

Merci.
ありがとうございます。
[arigatō gozai masu]

Merci beaucoup.
どうもありがとうございます。
[dōmo arigatō gozai masu]

Je l'apprécie beaucoup.
本当に感謝しています。
[hontōni kansha shi te i masu]

Je vous suis très reconnaissant.
あなたに本当に感謝しています。
[anata ni hontōni kansha shi te i masu]

Nous vous sommes très reconnaissant.
私たちはあなたに本当に
感謝しています。
[watashi tachi wa anata ni hontōni
kansha shi te i masu]

Merci pour votre temps.
お時間を頂きましてありがとう
ございました。
[o jikan wo itadaki mashi te arigatō
gozai mashi ta]

Merci pour tout.
何もかもありがとうございました。
[nanimokamo arigatō gozai mashi ta]

Merci pour ...
…をありがとうございます
[… wo arigatō gozai masu]

votre aide
助けて頂いて
[tasuke te itadai te]

les bons moments passés
すばらしい時間
[subarashī jikan]

un repas merveilleux
素敵なお料理
[suteki na o ryōri]

cette agréable soirée
楽しい夜
[tanoshī yoru]

cette merveilleuse journée
素晴らしい 1 日
[subarashī ichinichi]

une excursion extraordinaire
楽しい旅
[tanoshī tabi]

Il n'y a pas de quoi.
どういたしまして。
[dōitashimashite]

Vous êtes les bienvenus.
どういたしまして。
[dōitashimashite]

Mon plaisir.
いつでもどうぞ。
[itsu demo dōzo]

J'ai été heureux /heureuse/
de vous aider.
どういたしまして。
[dōitashimashite]

Ça va. N'y pensez plus.	忘れて下さい。 [wasure te kudasai]
Ne vous inquiétez pas.	心配しないで下さい。 [shinpai shi nai de kudasai]

Félicitations. Vœux de fête

Félicitations!	おめでとうございます！ [omedetō gozai masu !]
Joyeux anniversaire!	お誕生日おめでとうございます！ [o tanjō bi omedetō gozai masu !]
Joyeux Noël!	メリークリスマス！ [merīkurisumasu !]
Bonne Année!	新年明けましておめでとう ございます！ [shinnen ake mashi te omedetō gozai masu !]
Joyeuses Pâques!	イースターおめでとうございます！ [īsutā omedetō gozai masu !]
Joyeux Hanoukka!	ハヌカおめでとうございます！ [hanuka omedetō gozai masu !]
Je voudrais proposer un toast.	乾杯をあげたいです。 [kanpai wo age tai desu]
Santé!	乾杯！ [kanpai !]
Buvons à …!	…のために乾杯しましょう！ [… no tame ni kanpai shi masho u !]
À notre succès!	我々の成功のために！ [wareware no seikō no tame ni !]
À votre succès!	あなたの成功のために！ [anata no seikō no tame ni !]
Bonne chance!	幸運を祈るよ！ [kōun wo inoru yo !]
Bonne journée!	良い一日をお過ごし下さい！ [yoi ichi nichi wo osugoshi kudasai !]
Passez de bonnes vacances !	良い休日をお過ごし下さい！ [yoi kyūjitsu wo osugoshi kudasai !]
Bon voyage!	道中ご無事で！ [dōtyū gobujide!]
Rétablissez-vous vite.	早く良くなるといいですね！ [hayaku yoku naru to ī desu ne !]

Socialiser

Pourquoi êtes-vous si triste?	なぜ悲しいのですか？ [naze kanashī no desu ka ?]
Souriez!	笑って！　元気を出してください！ [waratte ! genki wo dashite kudasai !]
Êtes-vous libre ce soir?	今夜あいていますか？ [konya ai te i masu ka ?]
Puis-je vous offrir un verre?	何か飲みますか？ [nani ka nomi masu ka ?]
Voulez-vous danser?	踊りませんか？ [odori masen ka ?]
Et si on va au cinéma?	映画に行きましょう。 [eiga ni iki masho u]
Puis-je vous inviter ...	…へ誘ってもいいですか？ [… e sasotte mo ī desu ka ?]
au restaurant	レストラン [resutoran]
au cinéma	映画 [eiga]
au théâtre	劇場 [gekijō]
pour une promenade	散歩 [sanpo]
À quelle heure?	何時に？ [nan ji ni ?]
ce soir	今晩 [konban]
à six heures	6時 [roku ji]
à sept heures	7時 [shichi ji]
à huit heures	8時 [hachi ji]
à neuf heures	9時 [kyū ji]
Est-ce que vous aimez cet endroit?	ここが好きですか？ [koko ga suki desu ka ?]
Êtes-vous ici avec quelqu'un?	ここで誰かと一緒ですか？ [koko de dare ka to issyodesu ka ?]
Je suis avec mon ami.	友達と一緒です。 [tomodachi to issho desu]

Je suis avec mes amis.
友人たちと一緒です。
[yūjin tachi to issho desu]

Non, je suis seul /seule/
いいえ、一人です。
[īe, hitori desu]

As-tu un copain?
彼氏いるの？
[kareshi iru no ?]

J'ai un copain.
私は彼氏がいます。
[watashi wa kareshi ga i masu]

As-tu une copine?
彼女いるの？
[kanojo iru no ?]

J'ai une copine.
私は彼女がいます。
[watashi wa kanojo ga i masu]

Est-ce que je peux te revoir?
また会えるかな？
[mata aeru ka na ?]

Est-ce que je peux t'appeler?
電話してもいい？
[denwa shi te mo ī ?]

Appelle-moi.
電話してね。
[denwa shi te ne]

Quel est ton numéro?
電話番号は？
[denwa bangō wa ?]

Tu me manques.
寂しくなるよ。
[sabishiku naru yo]

Vous avez un très beau nom.
綺麗なお名前ですね。
[kirei na o namae desu ne]

Je t'aime.
愛しているよ。
[aishi te iru yo]

Veux-tu te marier avec moi?
結婚しようか
[kekkon shiyo u ka]

Vous plaisantez!
冗談でしょう！
[jōdan dessyō!]

Je plaisante.
冗談だよ。
[jōdan da yo]

Êtes-vous sérieux /sérieuse/?
本気ですか？
[honki desuka ?]

Je suis sérieux /sérieuse/
本気です。
[honki desu]

Vraiment?!
本当ですか？！
[hontō desu ka ?!]

C'est incroyable!
信じられません！
[shinjirare masen !]

Je ne vous crois pas.
あなたは信じられません。
[anata wa shinzirare masen]

Je ne peux pas.
私にはできません。
[watashi ni wa deki masen]

Je ne sais pas.
わかりません。
[wakari masen]

Je ne vous comprends pas
おっしゃることが分かりません。
[ossharu koto ga wakari masen]

Laissez-moi! Allez-vous-en!

出ていって下さい。
[de te itte kudasai]

Laissez-moi tranquille!

ほっといて下さい！
[hottoi te kudasai !]

Je ne le supporte pas.

彼には耐えられない。
[kare ni wa taerare nai]

Vous êtes dégoûtant!

いやな人ですね！
[iyana hito desu ne !]

Je vais appeler la police!

警察を呼びますよ！
[keisatsu wo yobi masuyo !]

Partager des impressions. Émotions

J'aime ça.
これが好きです。
[kore ga suki desu]

C'est gentil.
とても素晴らしい。
[totemo subarashī]

C'est super!
それはすばらしいです！
[sore wa subarashī desu !]

C'est assez bien.
それは悪くはないです。
[sore wa waruku wa nai desu]

Je n'aime pas ça.
それが好きではありません。
[sore ga suki de wa ari masen]

Ce n'est pas bien.
それはよくないです。
[sore wa yoku nai desu]

C'est mauvais.
それはひどいです。
[sore wa hidoi desu]

Ce n'est pas bien du tout.
それはとてもひどいです。
[sore wa totemo hidoi desu]

C'est dégoûtant.
それは最悪です。
[sore wa saiaku desu]

Je suis content /contente/
幸せです。
[shiawase desu]

Je suis heureux /heureuse/
満足しています。
[manzoku shi te i masu]

Je suis amoureux /amoureuse/
好きな人がいます。
[suki na hito ga i masu]

Je suis calme.
冷静です。
[reisei desu]

Je m'ennuie.
退屈です。
[taikutsu desu]

Je suis fatigué /fatiguée/
疲れています。
[tsukare te i masu]

Je suis triste.
悲しいです。
[kanashī desu]

J'ai peur.
怖いです。
[kowai desu]

Je suis fâché /fâchée/
腹が立ちます。
[haraga tachi masu]

Je suis inquiet /inquiète/
心配しています。
[shinpai shi te i masu]

Je suis nerveux /nerveuse/
緊張しています。
[kinchō shi te i masu]

Je suis jaloux /jalouse/   嫉妬しています。
[shitto shi te i masu]

Je suis surpris /surprise/   驚いています。
[odoroi te i masu]

Je suis gêné /gênée/   恥ずかしいです。
[hazukashī desu]

Problèmes. Accidents

J'ai un problème.	困っています。 [komatte imasu]
Nous avons un problème.	困っています。 [komatte imasu]
Je suis perdu /perdue/	道に迷いました。 [michi ni mayoi mashi ta]
J'ai manqué le dernier bus (train).	最終バス（電車）を逃しました。 [saishūbasu (densha) wo nogashi mashi ta]
Je n'ai plus d'argent.	もうお金がありません。 [mō okane ga ari masen]

J'ai perdu mon ...	…を失くしました [… wo nakushi mashi ta]
On m'a volé mon ...	…を盗まれました [… wo nusumare mashi ta]
passeport	パスポート [pasupōto]
portefeuille	財布 [saifu]
papiers	書類 [shorui]
billet	切符 [kippu]

argent	お金 [okane]
sac à main	ハンドバック [handobakku]
appareil photo	カメラ [kamera]
portable	ノートパソコン [nōto pasokon]
ma tablette	タブレット型コンピューター [taburetto gata konpyūtā]
mobile	携帯電話 [keitai denwa]

Au secours!	助けて下さい！ [tasuke te kudasai !]
Qu'est-il arrivé?	どうしましたか？ [dō shi mashi ta ka ?]

un incendie	火災
	[kasai]
des coups de feu	発砲
	[happō]
un meurtre	殺人
	[satsujin]
une explosion	爆発
	[bakuhatsu]
une bagarre	けんか
	[kenka]

Appelez la police!	警察を呼んで下さい！
	[keisatsu wo yon de kudasai !]
Dépêchez-vous, s'il vous plaît!	急いで下さい！
	[isoi de kudasai !]
Je cherche le commissariat de police.	警察署を探しています。
	[keisatsu sho wo sagashi te imasu]
Il me faut faire un appel.	電話をしなければなりません。
	[denwa wo shi nakere ba nari masen]
Puis-je utiliser votre téléphone?	お電話をお借りしても良いですか？
	[o denwa wo o karishi te mo ī desu ka ?]

J'ai été …	…されました
	[… sare mashi ta]
agressé /agressée/	強盗
	[gōtō]
volé /volée/	盗まれる
	[nusumareru]
violée	レイプ
	[reipu]
attaqué /attaquée/	暴行される
	[bōkō sareru]

Est-ce que ça va?	大丈夫ですか？
	[daijōbu desu ka ?]
Avez-vous vu qui c'était?	誰が犯人か見ましたか？
	[dare ga hanninn ka mi mashi ta ka ?]
Pourriez-vous reconnaître cette personne?	その人がどんな人か分かりますか？
	[sono hito ga donna hito ka wakari masu ka ?]
Vous êtes sûr?	本当に大丈夫ですか？
	[hontōni daijōbu desu ka ?]

Calmez-vous, s'il vous plaît.	落ち着いて下さい。
	[ochitsui te kudasai]
Calmez-vous!	気楽に！
	[kiraku ni !]
Ne vous inquiétez pas.	心配しないで！
	[shinpai shi nai de !]
Tout ira bien.	大丈夫ですから。
	[daijōbu desu kara]

Ça va. Tout va bien.

大丈夫ですから。
[daijōbu desu kara]

Venez ici, s'il vous plaît.

こちらに来て下さい。
[kochira ni ki te kudasai]

J'ai des questions à vous poser.

いくつかお伺いしたいことがあります。
[ikutuka o ukagai shi tai koto ga ari masu]

Attendez un moment, s'il vous plaît.

少しお待ち下さい。
[sukoshi omachi kudasai]

Avez-vous une carte d'identité?

身分証明書はお持ちですか？
[mibun shōmei sho wa o mochi desu ka ?]

Merci. Vous pouvez partir maintenant.

ありがとうございます。もう
行っていいですよ。
[arigatō gozai masu. mō
itte ī desuyo]

Les mains derrière la tête!

両手を頭の後ろで組みなさい！
[ryōute wo atama
no ushiro de kuminasai !]

Vous êtes arrêté!

逮捕します
[taiho shi masu]

Problèmes de santé

Aidez-moi, s'il vous plaît.
助けて下さい。
[tasuke te kudasai]

Je ne me sens pas bien.
気分が悪いのです。
[kibun ga warui nodesu]

Mon mari ne se sent pas bien.
主人の具合が悪いのです。
[shujin no guai ga warui no desu]

Mon fils ...
息子の…
[musuko no …]

Mon père ...
父の…
[chichi no …]

Ma femme ne se sent pas bien.
妻の具合が悪いのです。
[tsuma no guai ga warui no desu]

Ma fille ...
娘の…
[musume no …]

Ma mère ...
母の…
[haha no …]

J'ai mal ...
…がします
[… ga shi masu]

à la tête
頭痛
[zutsū]

à la gorge
喉が痛い
[nodo ga itai]

à l'estomac
腹痛
[fukutsū]

aux dents
歯痛
[shitsū]

J'ai le vertige.
めまいがします。
[memai ga shi masu]

Il a de la fièvre.
彼は熱があります。
[kare wa netsu ga ari masu]

Elle a de la fièvre.
彼女は熱があります。
[kanojo wa netsu ga ari masu]

Je ne peux pas respirer.
息ができません。
[iki ga deki masen]

J'ai du mal à respirer.
息切れがします。
[ikigire ga shi masu]

Je suis asthmatique.
喘息です。
[zensoku desu]

Je suis diabétique.
糖尿病です。
[tōnyō byō desu]

Je ne peux pas dormir.
不眠症です。
[huminsyō desu]

intoxication alimentaire
食中毒
[shokuchūdoku]

Ça fait mal ici.
ここが痛いです。
[koko ga itai desu]

Aidez-moi!
助けて下さい！
[tasuke te kudasai !]

Je suis ici!
ここにいます！
[koko ni i masu !]

Nous sommes ici!
私たちはここにいます！
[watashi tachi wa koko ni i masu !]

Sortez-moi d'ici!
ここから出して下さい！
[koko kara dashi te kudasai !]

J'ai besoin d'un docteur.
医者に診せる必要があります。
[isha ni miseru hituyō ga arimasu]

Je ne peux pas bouger!
動けません！
[ugoke masen !]

Je ne peux pas bouger mes jambes.
足が動きません。
[ashi ga ugoki masen]

Je suis blessé /blessée/
傷があります。
[kizu ga ari masu]

Est-ce que c'est sérieux?
それは重傷ですか？
[sore wa jūsyō desu ka ?]

Mes papiers sont dans ma poche.
私に関する書類はポケットに入っています。
[watashi nikansuru shorui wa poketto ni haitte i masu]

Calmez-vous!
落ち着いて下さい！
[ochitsui te kudasai !]

Puis-je utiliser votre téléphone?
お電話をお借りしても良いですか？
[o denwa wo o karishi te mo ī desu ka ?]

Appelez une ambulance!
救急車を呼んで下さい！
[kyūkyū sha wo yon de kudasai !]

C'est urgent!
緊急です！
[kinkyū desu !]

C'est une urgence!
緊急です！
[kinkyū desu !]

Dépêchez-vous, s'il vous plaît!
急いで下さい！
[isoi de kudasai !]

Appelez le docteur, s'il vous plaît.
医者を呼んでいただけますか？
[isha wo yon de itadake masu ka ?]

Où est l'hôpital?
病院はどこですか？
[byōin wa doko desu ka ?]

Comment vous sentez-vous?
ご気分はいかがですか？
[gokibun wa ikaga desu ka ?]

Est-ce que ça va?
大大夫ですか？
[daijōbu desu ka ?]

Qu'est-il arrivé?

どうしましたか？
[dō shi mashi ta ka ?]

Je me sens mieux maintenant.

もう気分が良くなりました。
[mō kibun ga yoku narimashita]

Ça va. Tout va bien.

大丈夫です。
[daijōbu desu]

Ça va.

大丈夫です。
[daijōbu desu]

À la pharmacie

pharmacie	薬局 [yakkyoku]
pharmacie 24 heures	２４時間営業の薬局 [nijyū yo jikan eigyō no yakkyoku]
Où se trouve la pharmacie la plus proche?	一番近くの薬局はどこですか？ [ichiban chikaku no yakkyoku wa doko desu ka ?]
Est-elle ouverte en ce moment?	今開いていますか？ [ima ai te i masu ka ?]
À quelle heure ouvre-t-elle?	何時に開きますか？ [nan ji ni aki masu ka ?]
à quelle heure ferme-t-elle?	何時に閉まりますか？ [nan ji ni shimari masu ka ?]
C'est loin?	遠いですか？ [tōi desu ka ?]
Est-ce que je peux y aller à pied?	そこまで歩いて行けますか？ [soko made arui te ike masu ka ?]
Pouvez-vous me le montrer sur la carte?	地図で教えて頂けますか？ [chizu de oshie te itadake masu ka ?]
Pouvez-vous me donner quelque chose contre ...	何か…に効くものを下さい [nani ka ... ni kiku mono wo kudasai]
le mal de tête	頭痛 [zutsū]
la toux	咳 [seki]
le rhume	風邪 [kaze]
la grippe	インフルエンザ [infuruenza]
la fièvre	発熱 [hatsunetsu]
un mal d'estomac	胃痛 [itsū]
la nausée	吐き気 [hakike]
la diarrhée	下痢 [geri]
la constipation	便秘 [benpi]

un mal de dos	腰痛 [yōtsū]
les douleurs de poitrine	胸痛 [kyōtsū]
les points de côté	脇腹の痛み [wakibara no itami]
les douleurs abdominales	腹痛 [fukutsū]

une pilule	薬 [kusuri]
un onguent, une crème	軟膏、クリーム [nankō, kurīmu]
un sirop	シロップ [shiroppu]
un spray	スプレー [supurē]
les gouttes	目薬 [megusuri]

Vous devez allez à l'hôpital.	病院に行かなくてはなりません。 [byōin ni ika naku te wa nari masen]
assurance maladie	健康保険 [kenkō hoken]
prescription	処方箋 [shohōsen]
produit anti-insecte	虫除け [mushiyoke]
bandages adhésifs	絆創膏 [bansōkō]

Les essentiels

Excusez-moi, ...
すみません、···
[sumimasen, ...]

Bonjour
こんにちは。
[konnichiwa]

Merci
ありがとうございます。
[arigatō gozai masu]

Au revoir
さようなら。
[sayōnara]

Oui
はい。
[hai]

Non
いいえ。
[īe]

Je ne sais pas.
わかりません。
[wakari masen]

Où? | Où? | Quand?
どこ？ | どこへ？ | いつ？
[doko ? | doko e ? | i tsu ?]

J'ai besoin de ...
···が必要です
[... ga hitsuyō desu]

Je veux ...
したいです
[shi tai desu]

Avez-vous ... ?
···をお持ちですか？
[... wo o mochi desu ka ?]

Est-ce qu'il y a ... ici?
ここには···がありますか？
[koko ni wa ... ga ari masu ka ?]

Puis-je ... ?
···してもいいですか？
[... shi te mo ī desu ka ?]

s'il vous plaît (pour une demande)
お願いします。
[onegai shi masu]

Je cherche ...
···を探しています
[... wo sagashi te i masu]

les toilettes
トイレ
[toire]

un distributeur
ＡＴＭ
[ētīemu]

une pharmacie
薬局
[yakkyoku]

l'hôpital
病院
[byōin]

le commissariat de police
警察
[keisatsu]

une station de métro
地下鉄
[chikatetsu]

un taxi	タクシー [takushī]
la gare	駅 [eki]

Je m'appelle ...	私は…と申します [watashi wa … to mōshi masu]
Comment vous appelez-vous?	お名前は何ですか？ [o namae wa nan desu ka ?]
Aidez-moi, s'il vous plaît.	助けていただけますか？ [tasuke te itadake masu ka ?]
J'ai un problème.	困ったことがあります。 [komatta koto ga arimasu]
Je ne me sens pas bien.	気分が悪いのです。 [kibun ga warui nodesu]
Appelez une ambulance!	救急車を呼んで下さい！ [kyūkyū sha wo yon de kudasai !]
Puis-je faire un appel?	電話をしてもいいですか？ [denwa wo shi te mo ī desu ka ?]

Excusez-moi.	ごめんなさい。 [gomennasai]
Je vous en prie.	どういたしまして。 [dōitashimashite]

je, moi	私 [watashi]
tu, toi	君 [kimi]
il	彼 [kare]
elle	彼女 [kanojo]
ils	彼ら [karera]
elles	彼女たち [kanojotachi]
nous	私たち [watashi tachi]
vous	君たち [kimi tachi]
Vous	あなた [anata]

ENTRÉE	入り口 [iriguchi]
SORTIE	出口 [deguchi]
HORS SERVICE | EN PANNE	故障中 [koshō chū]
FERMÉ	休業中 [kyūgyō chū]

OUVERT

営業中
[eigyō chū]

POUR LES FEMMES

女性用
[josei yō]

POUR LES HOMMES

男性用
[dansei yō]

VOCABULAIRE THÉMATIQUE

Cette section contient plus
de 3000 des mots les plus
importants. Le dictionnaire
sera d'une aide indispensable
lors de voyages à l'étranger
puisque les mots individuels
sont souvent assez pour être
compris. Le dictionnaire
comprend une transcription
utile de chaque mot

T&P Books Publishing

CONTENU DU DICTIONNAIRE

Concepts de base	75
Nombres. Divers	83
Les couleurs. Les unités de mesure	87
Les verbes les plus importants	91
La notion de temps. Le calendrier	97
Les voyages. L'hôtel	103
Les transports	107
La ville	113
Les vêtements & les accessoires	121
L'expérience quotidienne	129
Les repas. Le restaurant	137
Les données personnelles. La famille	147
Le corps humain. Les médicaments	151
L'appartement	159
La Terre. Le temps	165
La faune	177
La flore	185
Les pays du monde	191

T&P Books Publishing

T&P BOOKS

CONCEPTS DE BASE

1. Les pronoms
2. Adresser des vœux. Se dire bonjour
3. Les questions
4. Les prépositions
5. Les mots-outils. Les adverbes.
   Partie 1
6. Les mots-outils. Les adverbes.
   Partie 2

T&P Books Publishing

1. Les pronoms

je	私	watashi
tu	あなた	anata
il	彼	kare
elle	彼女	kanojo
nous	私たち	watashi tachi
vous	あなたがた	anata ga ta
ils, elles	彼らは	karera wa

2. Adresser des vœux. Se dire bonjour

Bonjour! (fam.)	やあ！	yā!
Bonjour! (form.)	こんにちは！	konnichiwa!
Bonjour! (le matin)	おはよう！	ohayō!
Bonjour! (après-midi)	こんにちは！	konnichiwa!
Bonsoir!	こんばんは！	konbanwa!
dire bonjour	こんにちはと言う	konnichiwa to iu
Salut!	やあ！	yā!
salut (m)	挨拶	aisatsu
saluer (vt)	挨拶する	aisatsu suru
Comment ça va?	元気？	genki?
Comment allez-vous?	お元気ですか？	wo genki desu ka?
Comment ça va?	元気？	genki?
Quoi de neuf?	調子はどう？	chōshi ha dō?
Au revoir!	さようなら！	sayōnara!
Au revoir! (form.)	さようなら！	sayōnara!
Au revoir! (fam.)	バイバイ！	baibai!
À bientôt!	じゃあね！	jā ne!
Adieu!	さらば！	saraba!
dire au revoir	別れを告げる	wakare wo tsugeru
Salut! (À bientôt!)	またね！	mata ne!
Merci!	ありがとう！	arigatō!
Merci beaucoup!	どうもありがとう！	dōmo arigatō!
Je vous en prie	どういたしまして	dōitashimashite
Il n'y a pas de quoi	礼なんていいよ	rei nante ī yo
Pas de quoi	どういたしまして	dōitashimashite
Excuse-moi!	失礼！	shitsurei!
Excusez-moi!	失礼致します！	shitsurei itashi masu!

excuser (vt)	許す	yurusu
s'excuser (vp)	謝る	ayamaru
Mes excuses	おわび致します！	owabi itashi masu!
Pardonnez-moi!	ごめんなさい！	gomennasai!
pardonner (vt)	許す	yurusu
C'est pas grave	大丈夫です！	daijōbu desu!
s'il vous plaît	お願い	onegai
N'oubliez pas!	忘れないで！	wasure nai de!
Bien sûr!	もちろん！	mochiron!
Bien sûr que non!	そんなことないよ！	sonna koto nai yo!
D'accord!	オーケー！	ōkē!
Ça suffit!	もう十分だ！	mō jūbun da!

3. Les questions

Qui?	誰？	dare ?
Quoi?	何？	nani ?
Où? (~ es-tu?)	どこに？	doko ni ?
Où? (~ vas-tu?)	どちらへ？	dochira he ?
D'où?	どこから？	doko kara ?
Quand?	いつ？	itsu ?
Pourquoi? (~ es-tu venu?)	なんで？	nande ?
Pourquoi? (~ t'es pâle?)	どうして？	dōshite ?
À quoi bon?	何のために？	nan no tame ni ?
Comment?	どうやって？	dō yatte?
Quel? (à ~ prix?)	どんな ？	donna?
Lequel?	どちらの…？	dochira no … ?
À qui? (pour qui?)	誰に？	dare ni ?
De qui?	誰のこと？	dare no koto ?
De quoi?	何のこと？	nannokoto ?
Avec qui?	誰と？	dare to ?
Combien? (dénombr.)	いくつ？	ikutsu ?
Combien? (indénombr.)	いくら？	ikura ?
À qui? (~ est ce livre?)	誰のもの？	Dare no mono ?

4. Les prépositions

avec (~ toi)	…と、…と共に	… to, totomoni
sans (~ sucre)	…なしで	… nashi de
à (aller ~…)	…へ	… he
de (au sujet de)	…について	… ni tsuite
avant (~ midi)	…の前に	… no mae ni
devant (~ la maison)	…の正面に	… no shōmen ni
sous (~ la commode)	下に	shita ni

au-dessus de …	上側に	uwagawa ni
sur (dessus)	上に	ue ni
de (venir ~ Paris)	…から	… kara
en (en bois, etc.)	…製の	… sei no
dans (~ deux heures)	…で	… de
par dessus	…を越えて	… wo koe te

5. Les mots-outils. Les adverbes. Partie 1

Où? (~ es-tu?)	どこに？	doko ni ?
ici (c'est ~)	ここで	kokode
là-bas (c'est ~)	そこで	sokode
quelque part (être)	どこかで	doko ka de
nulle part (adv)	どこにも	doko ni mo
près de …	近くで	chikaku de
près de la fenêtre	窓辺に	mado beni
Où? (~ vas-tu?)	どちらへ？	dochira he ?
ici (Venez ~)	こちらへ	kochira he
là-bas (j'irai ~)	そこへ	soko he
d'ici (adv)	ここから	koko kara
de là-bas (adv)	そこから	soko kara
près (pas loin)	そばに	soba ni
loin (adv)	遠くに	tōku ni
près de (~ Paris)	近く	chikaku
tout près (adv)	近くに	chikaku ni
pas loin (adv)	遠くない	tōku nai
gauche (adj)	左の	hidari no
à gauche (être ~)	左に	hidari ni
à gauche (tournez ~)	左へ	hidari he
droit (adj)	右の	migi no
à droite (être ~)	右に	migi ni
à droite (tournez ~)	右へ	migi he
devant (adv)	前に	mae ni
de devant (adj)	前の	mae no
en avant (adv)	前方へ	zenpō he
derrière (adv)	後ろに	ushiro ni
par derrière (adv)	後ろから	ushiro kara
en arrière (regarder ~)	後ろへ	ushiro he
milieu (m)	中央	chūō
au milieu (adv)	中央に	chūō ni

de côté (vue ~)	側面から	sokumen kara
partout (adv)	どこでも	doko demo
autour (adv)	…の周りを	… no mawari wo
de l'intérieur	中から	naka kara
quelque part (aller)	どこかへ	dokoka he
tout droit (adv)	真っ直ぐに	massugu ni
en arrière (revenir ~)	戻って	modotte
de quelque part (n'import d'où)	どこからでも	doko kara demo
de quelque part (on ne sait pas d'où)	どこからか	doko kara ka
premièrement (adv)	第一に	dai ichi ni
deuxièmement (adv)	第二に	dai ni ni
troisièmement (adv)	第三に	dai san ni
soudain (adv)	急に	kyū ni
au début (adv)	初めは	hajime wa
pour la première fois	初めて	hajimete
bien avant …	…かなり前に	…kanari mae ni
de nouveau (adv)	新たに	arata ni
pour toujours (adv)	永遠に	eien ni
jamais (adv)	一度も	ichi do mo
de nouveau, encore (adv)	再び	futatabi
maintenant (adv)	今	ima
souvent (adv)	よく	yoku
alors (adv)	あのとき	ano toki
d'urgence (adv)	至急に	shikyū ni
d'habitude (adv)	普通は	futsū wa
à propos, …	ところで、…	tokorode, …
c'est possible	可能な	kanō na
probablement (adv)	恐らく［おそらく］	osoraku
peut-être (adv)	ことによると	kotoni yoru to
en plus, …	それに	soreni
c'est pourquoi …	従って	shitagatte
malgré …	…にもかかわらず	… ni mo kakawara zu
grâce à …	…のおかげで	… no okage de
quoi (pron)	何	nani
que (conj)	…ということ	… toyuu koto
quelque chose (Il m'est arrivé ~)	何か	nani ka
quelque chose (peut-on faire ~)	何か	nani ka
rien (m)	何もない	nani mo nai
qui (pron)	誰	dare
quelqu'un (on ne sait pas qui)	ある人	aru hito

quelqu'un (n'importe qui)	誰か	dare ka
personne (pron)	誰も…ない	dare mo … nai
nulle part (aller ~)	どこへも	doko he mo
de personne	誰の…でもない	dare no … de mo nai
de n'importe qui	誰かの	dare ka no
comme ça (adv)	とても	totemo
également (adv)	また	mata
aussi (adv)	も	mo

6. Les mots-outils. Les adverbes. Partie 2

Pourquoi?	どうして？	dōshite ?
pour une certaine raison	なぜか［何故か］	naze ka
parce que …	なぜなら	nazenara
pour une raison quelconque	何らかの理由で	nanrakano riyū de
et (conj)	と	to
ou (conj)	または	matawa
mais (conj)	でも	demo
pour … (prep)	…のために	… no tame ni
trop (adv)	…すぎる	… sugiru
seulement (adv)	もっぱら	moppara
précisément (adv)	正確に	seikaku ni
près de … (prep)	約	yaku
approximativement	おおよそ	ōyoso
approximatif (adj)	おおよその	ōyosono
presque (adv)	ほとんど	hotondo
reste (m)	残り	nokori
l'autre (adj)	もう一方の	mōippōno
autre (adj)	他の	hokano
chaque (adj)	各	kaku
n'importe quel (adj)	どれでも	dore demo
beaucoup de (dénombr.)	多くの	ōku no
beaucoup de (indénombr.)	多量の	taryō no
plusieurs (pron)	多くの人々	ōku no hitobito
tous	あらゆる人	arayuru hito
en échange de …	…の返礼として	… no henrei toshite
en échange (adv)	引き換えに	hikikae ni
à la main (adv)	手で	te de
peu probable (adj)	ほとんど…ない	hotondo … nai
probablement (adv)	恐らく［おそらく］	osoraku
exprès (adv)	わざと	wazato
par accident (adv)	偶然に	gūzen ni

très (adv)	非常に	hijō ni
par exemple (adv)	例えば	tatoeba
entre (prep)	間	kan
parmi (prep)	…の間で	… no мade
autant (adv)	たくさん	takusan
surtout (adv)	特に	tokuni

NOMBRES. DIVERS

7. Les nombres cardinaux. Partie 1
8. Les nombres cardinaux. Partie 2
9. Les nombres ordinaux

T&P Books Publishing

zéro	ゼロ	zero
un	一	ichi
deux	二	ni
trois	三	san
quatre	四	yon
cinq	五	go
six	六	roku
sept	七	nana
huit	八	hachi
neuf	九	kyū
dix	十	jū
onze	十一	jū ichi
douze	十二	jū ni
treize	十三	jū san
quatorze	十四	jū yon
quinze	十五	jū go
seize	十六	jū roku
dix-sept	十七	jū shichi
dix-huit	十八	jū hachi
dix-neuf	十九	jū kyū
vingt	二十	ni jū
vingt et un	二十一	ni jū ichi
vingt-deux	二十二	ni jū ni
vingt-trois	二十三	ni jū san
trente	三十	san jū
trente et un	三十一	san jū ichi
trente-deux	三十二	san jū ni
trente-trois	三十三	san jū san
quarante	四十	yon jū
quarante et un	四十一	yon jū ichi
quarante-deux	四十二	yon jū ni
quarante-trois	四十三	yon jū san
cinquante	五十	go jū
cinquante et un	五十一	go jū ichi
cinquante-deux	五十二	go jū ni
cinquante-trois	五十三	go jū san
soixante	六十	roku jū

soixante et un	六十一	roku jū ichi
soixante-deux	六十二	roku jū ni
soixante-trois	六十三	roku jū san

soixante-dix	七十	nana jū
soixante et onze	七十一	nana jū ichi
soixante-douze	七十二	nana jū ni
soixante-treize	七十三	nana jū san

quatre-vingts	八十	hachi jū
quatre-vingt et un	八十一	hachi jū ichi
quatre-vingt deux	八十二	hachi jū ni
quatre-vingt trois	八十三	hachi jū san

quatre-vingt-dix	九十	kyū jū
quatre-vingt et onze	九十一	kyū jū ichi
quatre-vingt-douze	九十二	kyū jū ni
quatre-vingt-treize	九十三	kyū jū san

8. Les nombres cardinaux. Partie 2

cent	百	hyaku
deux cents	二百	ni hyaku
trois cents	三百	san byaku
quatre cents	四百	yon hyaku
cinq cents	五百	go hyaku

six cents	六百	roppyaku
sept cents	七百	nana hyaku
huit cents	八百	happyaku
neuf cents	九百	kyū hyaku

mille	千	sen
deux mille	二千	nisen
trois mille	三千	sanzen
dix mille	一万	ichiman
cent mille	１０万	jyūman
million (m)	百万	hyakuman
milliard (m)	十億	jūoku

9. Les nombres ordinaux

premier (adj)	第一の	dai ichi no
deuxième (adj)	第二の	dai ni no
troisième (adj)	第三の	dai san no
quatrième (adj)	第四の	dai yon no
cinquième (adj)	第五の	dai go no
sixième (adj)	第六の	dai roku no

septième (adj)	第七の	dai nana no
huitième (adj)	第八の	dai hachi no
neuvième (adj)	第九の	dai kyū no
dixième (adj)	第十の	dai jū no

T&P BOOKS

LES COULEURS.
LES UNITÉS DE MESURE

10. Les couleurs
11. Les unités de mesure
12. Les récipients

T&P Books Publishing

10. Les couleurs

couleur (f)	色	iro
teinte (f)	色合い	iroai
ton (m)	色相	shikisō
arc-en-ciel (m)	虹	niji
blanc (adj)	白い	shiroi
noir (adj)	黒い	kuroi
gris (adj)	灰色の	haīro no
vert (adj)	緑の	midori no
jaune (adj)	黄色い	kīroi
rouge (adj)	赤い	akai
bleu (adj)	青い	aoi
bleu clair (adj)	水色の	mizu iro no
rose (adj)	ピンクの	pinku no
orange (adj)	オレンジの	orenji no
violet (adj)	紫色の	murasaki iro no
brun (adj)	茶色の	chairo no
d'or (adj)	金色の	kiniro no
argenté (adj)	銀色の	giniro no
beige (adj)	ベージュの	bēju no
crème (adj)	クリームの	kurīmu no
turquoise (adj)	ターコイズブルーの	tākoizuburū no
rouge cerise (adj)	チェリーレッドの	cherī reddo no
lilas (adj)	ライラックの	rairakku no
framboise (adj)	クリムゾンの	kurimuzon no
clair (adj)	薄い	usui
foncé (adj)	濃い	koi
vif (adj)	鮮やかな	azayaka na
de couleur (adj)	色の	iro no
en couleurs (adj)	カラー…	karā…
noir et blanc (adj)	白黒の	shirokuro no
unicolore (adj)	単色の	tanshoku no
multicolore (adj)	色とりどりの	irotoridori no

11. Les unités de mesure

poids (m)	重さ	omo sa
longueur (f)	長さ	naga sa

largeur (f)	幅	haba
hauteur (f)	高さ	taka sa
profondeur (f)	深さ	fuka sa
volume (m)	体積	taiseki
aire (f)	面積	menseki

gramme (m)	グラム	guramu
milligramme (m)	ミリグラム	miriguramu
kilogramme (m)	キログラム	kiroguramu
tonne (f)	トン	ton
livre (f)	ポンド	pondo
once (f)	オンス	onsu

mètre (m)	メートル	mētoru
millimètre (m)	ミリメートル	mirimētoru
centimètre (m)	センチメートル	senchimētoru
kilomètre (m)	キロメートル	kiromētoru
mille (m)	マイル	mairu

pouce (m)	インチ	inchi
pied (m)	フィート	fīto
yard (m)	ヤード	yādo

mètre (m) carré	平方メートル	heihō mētoru
hectare (m)	ヘクタール	hekutāru
litre (m)	リットル	rittoru
degré (m)	度	do
volt (m)	ボルト	boruto
ampère (m)	アンペア	anpea
cheval-vapeur (m)	馬力	bariki

quantité (f)	数量	sūryō
un peu de …	少し	sukoshi
moitié (f)	半分	hanbun
douzaine (f)	ダース	dāsu
pièce (f)	一個	ikko

| dimension (f) | 大きさ | ōki sa |
| échelle (f) (de la carte) | 縮尺 | shukushaku |

minimal (adj)	極小の	kyokushō no
le plus petit (adj)	最小の	saishō no
moyen (adj)	中位の	chūi no
maximal (adj)	極大の	kyokudai no
le plus grand (adj)	最大の	saidai no

12. Les récipients

| bocal (m) en verre | ジャー、瓶 | jā, bin |
| boîte, canette (f) | 缶 | kan |

seau (m)	バケツ	baketsu
tonneau (m)	樽	taru
bassine, cuvette (f)	たらい [盥]	tarai
cuve (f)	タンク	tanku
flasque (f)	スキットル	sukittoru
jerrican (m)	ジェリカン	jerikan
citerne (f)	積荷タンク	tsumini tanku
tasse (f), mug (m)	マグカップ	magukappu
tasse (f)	カップ	kappu
soucoupe (f)	ソーサー	sōsā
verre (m) (~ d'eau)	ガラスのコップ	garasu no koppu
verre (m) à vin	ワイングラス	wain gurasu
faitout (m)	両手鍋	ryō tenabe
bouteille (f)	ボトル	botoru
goulot (m)	ネック	nekku
carafe (f)	デキャンター	dekyanta
pichet (m)	水差し	mizusashi
récipient (m)	器	utsuwa
pot (m)	鉢	hachi
vase (m)	花瓶	kabin
flacon (m)	瓶	bin
fiole (f)	バイアル	bai aru
tube (m)	チューブ	chūbu
sac (m) (grand ~)	南京袋	nankinbukuro
sac (m) (~ en plastique)	袋	fukuro
paquet (m) (~ de cigarettes)	箱	hako
boîte (f)	箱	hako
caisse (f)	木箱	ki bako
panier (m)	かご [籠]	kago

LES VERBES
LES PLUS IMPORTANTS

13. Les verbes les plus importants.
    Partie 1
14. Les verbes les plus importants.
    Partie 2
15. Les verbes les plus importants.
    Partie 3
16. Les verbes les plus importants.
    Partie 4

T&P Books Publishing

aider (vt)	手伝う	tetsudau
aimer (qn)	愛する	aisuru
aller (à pied)	行く	iku
apercevoir (vt)	見掛ける	mikakeru
appartenir à …	所有物である	shoyū butsu de aru
appeler (au secours)	求める	motomeru
attendre (vt)	待つ	matsu
attraper (vt)	捕らえる	toraeru
avertir (vt)	警告する	keikoku suru
avoir (vt)	持つ	motsu
avoir confiance	信用する	shinyō suru
avoir faim	腹をすかす	hara wo sukasu
avoir peur	怖がる	kowagaru
avoir soif	喉が渇く	nodo ga kawaku
cacher (vt)	隠す	kakusu
casser (briser)	折る、壊す	oru, kowasu
cesser (vt)	止める	tomeru
changer (vt)	変える	kaeru
chasser (animaux)	狩る	karu
chercher (vt)	探す	sagasu
choisir (vt)	選択する	sentaku suru
commander (~ le menu)	注文する	chūmon suru
commencer (vt)	始める	hajimeru
comparer (vt)	比較する	hikaku suru
comprendre (vt)	理解する	rikai suru
compter (dénombrer)	計算する	keisan suru
compter sur …	…を頼りにする	… wo tayori ni suru
confondre (vt)	混同する	kondō suru
connaître (qn)	知っている	shitte iru
conseiller (vt)	助言する	jogen suru
continuer (vt)	続ける	tsuzukeru
contrôler (vt)	管制する	kansei suru
courir (vi)	走る	hashiru
coûter (vt)	かかる	kakaru
créer (vt)	創造する	sōzō suru
creuser (vt)	掘る	horu
crier (vi)	叫ぶ	sakebu

14. Les verbes les plus importants. Partie 2

décorer (~ la maison)	飾る	kazaru
défendre (vt)	防衛する	bōei suru
déjeuner (vi)	昼食をとる	chūshoku wo toru
demander (~ l'heure)	問う	tō
demander (de faire qch)	頼む	tanomu
descendre (vi)	下りる	oriru
deviner (vt)	言い当てる	īateru
dîner (vi)	夕食をとる	yūshoku wo toru
dire (vt)	言う	iu
diriger (~ une usine)	管理する	kanri suru
discuter (vt)	討議する	tōgi suru
donner (vt)	手渡す	tewatasu
donner un indice	暗示する	anji suru
douter (vt)	疑う	utagau
écrire (vt)	書く	kaku
entendre (bruit, etc.)	聞く	kiku
entrer (vi)	入る	hairu
envoyer (vt)	送る	okuru
espérer (vi)	希望する	kibō suru
essayer (vt)	試みる	kokoromiru
être (vi)	ある	aru
être d'accord	同意する	dōi suru
être nécessaire	必要である	hitsuyō de aru
être pressé	急ぐ	isogu
étudier (vt)	勉強する	benkyō suru
excuser (vt)	許す	yurusu
exiger (vt)	要求する	yōkyū suru
exister (vi)	存在する	sonzai suru
expliquer (vt)	説明する	setsumei suru
faire (vt)	する	suru
faire tomber	落とす	otosu
finir (vt)	終える	oeru
garder (conserver)	保つ	tamotsu
gronder, réprimander (vt)	叱る ［しかる］	shikaru
informer (vt)	知らせる	shiraseru
insister (vi)	主張する	shuchō suru
insulter (vt)	侮辱する	bujoku suru
inviter (vt)	招待する	shōtai suru
jouer (s'amuser)	遊ぶ	asobu

15. Les verbes les plus importants. Partie 3

libérer (ville, etc.)	解放する	kaihō suru
lire (vi, vt)	読む	yomu
louer (prendre en location)	借りる	kariru
manquer (l'école)	欠席する	kesseki suru
menacer (vt)	脅す	odosu
mentionner (vt)	言及する	genkyū suru
montrer (vt)	見せる	miseru
nager (vi)	泳ぐ	oyogu
objecter (vt)	反対する	hantai suru
observer (vt)	監視する	kanshi suru
ordonner (mil.)	命令する	meirei suru
oublier (vt)	忘れる	wasureru
ouvrir (vt)	開ける	akeru
pardonner (vt)	許す	yurusu
parler (vi, vt)	話す	hanasu
participer à …	参加する	sanka suru
payer (régler)	払う	harau
penser (vi, vt)	思う	omō
permettre (vt)	許可する	kyoka suru
plaire (être apprécié)	好む	konomu
plaisanter (vi)	冗談を言う	jōdan wo iu
planifier (vt)	計画する	keikaku suru
pleurer (vi)	泣く	naku
posséder (vt)	所有する	shoyū suru
pouvoir (v aux)	できる	dekiru
préférer (vt)	好む	konomu
prendre (vt)	取る	toru
prendre en note	書き留める	kakitomeru
prendre le petit déjeuner	朝食をとる	chōshoku wo toru
préparer (le dîner)	料理をする	ryōri wo suru
prévoir (vt)	見越す	mikosu
prier (~ Dieu)	祈る	inoru
promettre (vt)	約束する	yakusoku suru
prononcer (vt)	発音する	hatsuon suru
proposer (vt)	提案する	teian suru
punir (vt)	罰する	bassuru

16. Les verbes les plus importants. Partie 4

recommander (vt)	推薦する	suisen suru
regretter (vt)	後悔する	kōkai suru

répéter (dire encore)	復唱する	fukushō suru
répondre (vi, vt)	回答する	kaitō suru
réserver (une chambre)	予約する	yoyaku suru
rester silencieux	沈黙を守る	chinmoku wo mamoru
réunir (regrouper)	合体させる	gattai saseru
rire (vi)	笑う	warau
s'arrêter (vp)	止まる	tomaru
s'asseoir (vp)	座る	suwaru
sauver (la vie à qn)	救出する	kyūshutsu suru
savoir (qch)	知る	shiru
se baigner (vp)	海水浴をする	kaisuiyoku wo suru
se plaindre (vp)	不平を言う	fuhei wo iu
se refuser (vp)	拒絶する	kyozetsu suru
se tromper (vp)	誤りをする	ayamari wo suru
se vanter (vp)	自慢する	jiman suru
s'étonner (vp)	驚く	odoroku
s'excuser (vp)	謝る	ayamaru
signer (vt)	署名する	shomei suru
signifier (vt)	意味する	imi suru
s'intéresser (vp)	…に興味がある	… ni kyōmi ga aru
sortir (aller dehors)	出る	deru
sourire (vi)	ほほえむ［微笑む］	hohoemu
sous-estimer (vt)	甘く見る	amaku miru
suivre … (suivez-moi)	…について行く	… ni tsuiteiku
tirer (vi)	撃つ	utsu
tomber (vi)	落ちる	ochiru
toucher (avec les mains)	触れる	fureru
tourner (~ à gauche)	曲がる	magaru
traduire (vt)	翻訳する	honyaku suru
travailler (vi)	働く	hataraku
tromper (vt/vi)	だます	damasu
trouver (vt)	見つける	mitsukeru
tuer (vt)	殺す	korosu
vendre (vt)	売る	uru
venir (vi)	到着する	tōchaku suru
voir (vt)	見る	miru
voler (avion, oiseau)	飛ぶ	tobu
voler (qch à qn)	盗む	nusumu
vouloir (vt)	欲する	hossuru

LA NOTION DE TEMPS.
LE CALENDRIER

17. Les jours de la semaine
18. Les heures. Le jour et la nuit
19. Les mois. Les saisons

T&P Books Publishing

Les jours de la semaine

lundi (m)	月曜日	getsuyōbi
mardi (m)	火曜日	kayōbi
mercredi (m)	水曜日	suiyōbi
jeudi (m)	木曜日	mokuyōbi
vendredi (m)	金曜日	kinyōbi
samedi (m)	土曜日	doyōbi
dimanche (m)	日曜日	nichiyōbi
aujourd'hui (adv)	今日	kyō
demain (adv)	明日	ashita
après-demain (adv)	明後日 ［あさって］	asatte
hier (adv)	昨日	kinō
avant-hier (adv)	一昨日 ［おととい］	ototoi
jour (m)	日	nichi
jour (m) ouvrable	営業日	eigyōbi
jour (m) férié	公休	kōkyū
jour (m) de repos	休み	yasumi
week-end (m)	週末	shūmatsu
toute la journée	一日中	ichi nichi chū
le lendemain	翌日	yokujitsu
il y a 2 jours	2日前に	futsu ka mae ni
la veille	その前日に	sono zenjitsu ni
quotidien (adj)	毎日の	mainichi no
tous les jours	毎日	mainichi
semaine (f)	週	shū
la semaine dernière	先週	senshū
la semaine prochaine	来週	raishū
hebdomadaire (adj)	毎週の	maishū no
chaque semaine	毎週	maishū
2 fois par semaine	週に2回	shūni nikai
tous les mardis	毎週火曜日	maishū kayōbi

18. Les heures. Le jour et la nuit

matin (m)	朝	asa
le matin	朝に	asa ni
midi (m)	正午	shōgo
dans l'après-midi	午後に	gogo ni
soir (m)	夕方	yūgata

le soir	夕方に	yūgata ni
nuit (f)	夜	yoru
la nuit	夜に	yoru ni
minuit (f)	真夜中	mayonaka

seconde (f)	秒	byō
minute (f)	分	fun, pun
heure (f)	時間	jikan
demi-heure (f)	３０分	san jū fun
un quart d'heure	１５分	jū go fun
quinze minutes	１５分	jū go fun
vingt-quatre heures	一昼夜	icchūya

lever (m) du soleil	日の出	hinode
aube (f)	夜明け	yoake
point (m) du jour	早朝	sōchō
coucher (m) du soleil	夕日	yūhi

tôt le matin	早朝に	sōchō ni
ce matin	今朝	kesa
demain matin	明日の朝	ashita no asa

cet après-midi	今日の午後	kyō no gogo
dans l'après-midi	午後	gogo
demain après-midi	明日の午後	ashita no gogo

| ce soir | 今夜 | konya |
| demain soir | 明日の夜 | ashita no yoru |

à 3 heures précises	３時ちょうどに	sanji chōdo ni
autour de 4 heures	４時頃	yoji goro
vers midi	１２時までに	jūniji made ni

dans 20 minutes	２０分後	nijuppungo
dans une heure	一時間後	ichi jikan go
à temps	予定通りに	yotei dōri ni

… moins le quart	…時１５分	… ji jyūgo fun
en une heure	１時間で	ichi jikan de
tous les quarts d'heure	１５分ごとに	jyūgo fun goto ni
24 heures sur 24	昼も夜も	hiru mo yoru mo

19. Les mois. Les saisons

janvier (m)	一月	ichigatsu
février (m)	二月	nigatsu
mars (m)	三月	sangatsu
avril (m)	四月	shigatsu
mai (m)	五月	gogatsu
juin (m)	六月	rokugatsu

juillet (m)	七月	shichigatsu
août (m)	八月	hachigatsu
septembre (m)	九月	kugatsu
octobre (m)	十月	jūgatsu
novembre (m)	十一月	jūichigatsu
décembre (m)	十二月	jūnigatsu
printemps (m)	春	haru
au printemps	春に	haru ni
de printemps (adj)	春の	haru no
été (m)	夏	natsu
en été	夏に	natsu ni
d'été (adj)	夏の	natsu no
automne (m)	秋	aki
en automne	秋に	aki ni
d'automne (adj)	秋の	aki no
hiver (m)	冬	fuyu
en hiver	冬に	fuyu ni
d'hiver (adj)	冬の	fuyu no
mois (m)	月	tsuki
ce mois	今月	kongetsu
le mois prochain	来月	raigetsu
le mois dernier	先月	sengetsu
il y a un mois	一ヶ月前	ichi kagetsu mae
dans un mois	一ヶ月後	ichi kagetsu go
dans 2 mois	二ヶ月後	ni kagetsu go
tout le mois	丸一ヶ月	maru ichi kagetsu
tout un mois	一ヶ月間ずっと	ichi kagetsu kan zutto
mensuel (adj)	月刊の	gekkan no
mensuellement	毎月	maitsuki
chaque mois	月1回	tsuki ichi kai
2 fois par mois	月に2回	tsuki ni ni kai
année (f)	年	nen
cette année	今年	kotoshi
l'année prochaine	来年	rainen
l'année dernière	去年	kyonen
il y a un an	一年前	ichi nen mae
dans un an	一年後	ichi nen go
dans 2 ans	二年後	ni nen go
toute l'année	丸一年	maru ichi nen
toute une année	通年	tsūnen
chaque année	毎年	maitoshi
annuel (adj)	毎年の	maitoshi no

annuellement	年1回	toshi ichi kai
4 fois par an	年に4回	toshi ni yon kai
date (f) (jour du mois)	日付	hizuke
date (f) (~ mémorable)	年月日	nengappi
calendrier (m)	カレンダー	karendā
six mois	半年	hantoshi
semestre (m)	6ヶ月	roku kagetsu
saison (f)	季節	kisetsu
siècle (m)	世紀	seiki

T&P BOOKS

LES VOYAGES. L'HÔTEL

20. Les voyages. Les excursions
21. L'hôtel
22. Le tourisme

T&P Books Publishing

tourisme (m)	観光	kankō
touriste (m)	観光客	kankō kyaku
voyage (m) (à l'étranger)	旅行	ryokō
aventure (f)	冒険	bōken
voyage (m)	旅	tabi
vacances (f pl)	休暇	kyūka
être en vacances	休暇中です	kyūka chū desu
repos (m) (jours de ~)	休み	yasumi
train (m)	列車	ressha
en train	列車で	ressha de
avion (m)	航空機	kōkūki
en avion	飛行機で	hikōki de
en voiture	車で	kuruma de
en bateau	船で	fune de
bagage (m)	荷物	nimotsu
malle (f)	スーツケース	sūtsukēsu
chariot (m)	荷物カート	nimotsu kāto
passeport (m)	パスポート	pasupōto
visa (m)	ビザ	biza
ticket (m)	乗車券	jōsha ken
billet (m) d'avion	航空券	kōkū ken
guide (m) (livre)	ガイドブック	gaido bukku
carte (f)	地図	chizu
région (f) (~ rurale)	地域	chīki
endroit (m)	場所	basho
exotisme (m)	エキゾチック	ekizochikku
exotique (adj)	エキゾチックな	ekizochikku na
étonnant (adj)	驚くべき	odoroku beki
groupe (m)	団	dan
excursion (f)	小旅行	shō ryokō
guide (m) (personne)	ツアーガイド	tuā gaido

hôtel (m)	ホテル	hoteru
motel (m)	モーテル	mō teru

3 étoiles	三つ星	mitsu boshi
5 étoiles	五つ星	itsutsu boshi
descendre (à l'hôtel)	泊まる	tomaru
chambre (f)	部屋、ルーム	heya, rūmu
chambre (f) simple	シングルルーム	shinguru rūmu
chambre (f) double	ダブルルーム	daburu rūmu
réserver une chambre	部屋を予約する	heya wo yoyaku suru
demi-pension (f)	ハーフボード	hāfu bōdo
pension (f) complète	フルボード	furu bōdo
avec une salle de bain	浴槽付きの	yokusō tsuki no
avec une douche	シャワー付きの	shawā tsuki no
télévision (f) par satellite	衛星テレビ	eisei terebi
climatiseur (m)	エアコン	eakon
serviette (f)	タオル	taoru
clé (f)	鍵	kagi
administrateur (m)	管理人	kanri jin
femme (f) de chambre	客室係	kyakushitsu gakari
porteur (m)	ベルボーイ	beru bōi
portier (m)	ドアマン	doa man
restaurant (m)	レストラン	resutoran
bar (m)	パブ、バー	pabu, bā
petit déjeuner (m)	朝食	chōshoku
dîner (m)	夕食	yūshoku
buffet (m)	ビュッフェ	byuffe
hall (m)	ロビー	robī
ascenseur (m)	エレベーター	erebētā
PRIÈRE DE NE PAS DÉRANGER	起こさないで下さい	okosa nai de kudasai
DÉFENSE DE FUMER	禁煙	kinen

22. Le tourisme

monument (m)	記念碑	kinen hi
forteresse (f)	要塞	yōsai
palais (m)	宮殿	kyūden
château (m)	城	shiro
tour (f)	塔	tō
mausolée (m)	マウソレウム	mausoreumu
architecture (f)	建築	kenchiku
médiéval (adj)	中世の	chūsei no
ancien (adj)	古代の	kodai no
national (adj)	国の	kuni no

connu (adj)	有名な	yūmei na
touriste (m)	観光客	kankō kyaku
guide (m) (personne)	ガイド	gaido
excursion (f)	小旅行	shō ryokō
montrer (vt)	案内する	annai suru
raconter (une histoire)	話をする	hanashi wo suru
trouver (vt)	見つける	mitsukeru
se perdre (vp)	道に迷う	michi ni mayō
plan (m) (du metro, etc.)	地図	chizu
carte (f) (de la ville, etc.)	地図	chizu
souvenir (m)	土産	miyage
boutique (f) de souvenirs	土産品店	miyage hin ten
prendre en photo	写真に撮る	shashin ni toru
se faire prendre en photo	写真を撮られる	shashin wo torareru

BOOKS

T&P

LES TRANSPORTS

23. L'aéroport
24. L'avion
25. Le train
26. Le bateau

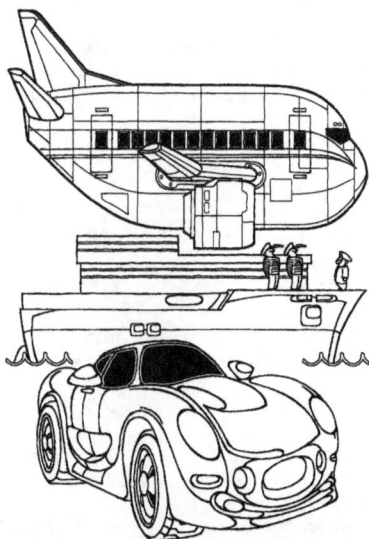

T&P Books Publishing

aéroport (m)	空港	kūkō
avion (m)	航空機	kōkūki
compagnie (f) aérienne	航空会社	kōkū gaisha
contrôleur (m) aérien	航空管制官	kōkū kansei kan
départ (m)	出発	shuppatsu
arrivée (f)	到着	tōchaku
arriver (par avion)	到着する	tōchaku suru
temps (m) de départ	出発時刻	shuppatsu jikoku
temps (m) d'arrivée	到着時刻	tōchaku jikoku
être retardé	遅れる	okureru
retard (m) de l'avion	フライトの遅延	furaito no chien
tableau (m) d'informations	フライト情報	furaito jōhō
information (f)	案内	annai
annoncer (vt)	アナウンスする	anaunsu suru
vol (m)	フライト	furaito
douane (f)	税関	zeikan
douanier (m)	税関吏	zeikanri
déclaration (f) de douane	税関申告	zeikan shinkoku
remplir (vt)	記入する	kinyū suru
remplir la déclaration	申告書を記入する	shinkoku sho wo kinyū suru
contrôle (m) de passeport	入国審査	nyūkoku shinsa
bagage (m)	荷物	nimotsu
bagage (m) à main	持ち込み荷物	mochikomi nimotsu
service des objets trouvés	荷物紛失窓口	nimotsu funshitsu madoguchi
chariot (m)	荷物カート	nimotsu kāto
atterrissage (m)	着陸	chakuriku
piste (f) d'atterrissage	滑走路	kassō ro
atterrir (vi)	着陸する	chakuriku suru
escalier (m) d'avion	タラップ	tarappu
enregistrement (m)	チェックイン	chekkuin
comptoir (m) d'enregistrement	チェックインカウンター	chekkuin kauntā
s'enregistrer (vp)	チェックインする	chekkuin suru

carte (f) d'embarquement	搭乗券	tōjō ken
porte (f) d'embarquement	出発ゲート	shuppatsu gēto
transit (m)	乗り継ぎ	noritsugi
attendre (vt)	待つ	matsu
salle (f) d'attente	出発ロビー	shuppatsu robī
raccompagner (à l'aéroport, etc.)	見送る	miokuru
dire au revoir	別れを告げる	wakare wo tsugeru

24. L'avion

avion (m)	航空機	kōkūki
billet (m) d'avion	航空券	kōkū ken
compagnie (f) aérienne	航空会社	kōkū gaisha
aéroport (m)	空港	kūkō
supersonique (adj)	超音速の	chō onsoku no
commandant (m) de bord	機長	kichō
équipage (m)	乗務員	jōmu in
pilote (m)	パイロット	pairotto
hôtesse (f) de l'air	客室乗務員	kyakushitsu jōmu in
navigateur (m)	航空士	kōkū shi
ailes (f pl)	翼	tsubasa
queue (f)	尾部	o bu
cabine (f)	コックピット	kokkupitto
moteur (m)	エンジン	enjin
train (m) d'atterrissage	着陸装置	chakuriku sōchi
turbine (f)	タービン	tābin
hélice (f)	プロペラ	puropera
boîte (f) noire	ブラックボックス	burakku bokkusu
gouvernail (m)	操縦ハンドル	sōjū handoru
carburant (m)	燃料	nenryō
consigne (f) de sécurité	安全のしおり	anzen no shiori
masque (m) à oxygène	酸素マスク	sanso masuku
uniforme (m)	制服	seifuku
gilet (m) de sauvetage	ライフジャケット	raifu jaketto
parachute (m)	落下傘	rakkasan
décollage (m)	離陸	ririku
décoller (vi)	離陸する	ririku suru
piste (f) de décollage	滑走路	kassō ro
visibilité (f)	視程	shitei
vol (m) (~ d'oiseau)	飛行	hikō
altitude (f)	高度	kōdo
trou (m) d'air	エアポケット	eapoketto

place (f)	席	seki
écouteurs (m pl)	ヘッドホン	heddohon
tablette (f)	折りたたみ式の テーブル	oritatami shiki no tēburu
hublot (m)	機窓	kisō
couloir (m)	通路	tsūro

25. Le train

train (m)	列車	ressha
train (m) de banlieue	通勤列車	tsūkin ressha
TGV (m)	高速鉄道	kōsoku tetsudō
locomotive (f) diesel	ディーゼル機関車	dīzeru kikan sha
locomotive (f) à vapeur	蒸気機関車	jōki kikan sha

| wagon (m) | 客車 | kyakusha |
| wagon-restaurant (m) | 食堂車 | shokudō sha |

rails (m pl)	レール	rēru
chemin (m) de fer	鉄道	tetsudō
traverse (f)	枕木	makuragi

quai (m)	ホーム	hōmu
voie (f)	線路	senro
sémaphore (m)	鉄道信号機	tetsudō shingō ki
station (f)	駅	eki

conducteur (m) de train	機関士	kikan shi
porteur (m)	ポーター	pōtā
steward (m)	車掌	shashō
passager (m)	乗客	jōkyaku
contrôleur (m) de billets	検札係	kensatsu gakari

| couloir (m) | 通路 | tsūro |
| frein (m) d'urgence | 非常ブレーキ | hijō burēki |

compartiment (m)	コンパートメント	konpātomento
couchette (f)	寝台	shindai
couchette (f) d'en haut	上段寝台	jōdan shindai
couchette (f) d'en bas	下段寝台	gedan shindai
linge (m) de lit	リネン	rinen

ticket (m)	乗車券	jōsha ken
horaire (m)	時刻表	jikoku hyō
tableau (m) d'informations	発車標	hassha shirube

partir (vi)	発車する	hassha suru
départ (m) (du train)	発車	hassha
arriver (le train)	到着する	tōchaku suru
arrivée (f)	到着	tōchaku

arriver en train	電車で来る	densha de kuru
prendre le train	電車に乗る	densha ni noru
descendre du train	電車をおりる	densha wo oriru

accident (m) ferroviaire	鉄道事故	tetsudō jiko
dérailler (vi)	脱線する	dassen suru
locomotive (f) à vapeur	蒸気機関車	jōki kikan sha
chauffeur (m)	火夫	kafu
chauffe (f)	火室	kashitsu
charbon (m)	石炭	sekitan

26. Le bateau

| bateau (m) | 船舶 | senpaku |
| navire (m) | 大型船 | ōgata sen |

bateau (m) à vapeur	蒸気船	jōki sen
paquebot (m)	川船	kawabune
bateau (m) de croisière	遠洋定期船	enyō teiki sen
croiseur (m)	クルーザー	kurūzā

yacht (m)	ヨット	yotto
remorqueur (m)	曳船	eisen
péniche (f)	艀、バージ	hashike, bāji
ferry (m)	フェリー	ferī

| voilier (m) | 帆船 | hansen |
| brigantin (m) | ブリガンティン | burigantin |

| brise-glace (m) | 砕氷船 | saihyō sen |
| sous-marin (m) | 潜水艦 | sensui kan |

canot (m) à rames	ボート	bōto
dinghy (m)	ディンギー	dingī
canot (m) de sauvetage	救命艇	kyūmei tei
canot (m) à moteur	モーターボート	mōtābōto

capitaine (m)	船長	senchō
matelot (m)	船員	senin
marin (m)	水夫	suifu
équipage (m)	乗組員	norikumi in

maître (m) d'équipage	ボースン	bōsun
mousse (m)	キャビンボーイ	kyabin bōi
cuisinier (m) du bord	船のコック	fune no kokku
médecin (m) de bord	船医	seni

pont (m)	甲板	kanpan
mât (m)	マスト	masuto
voile (f)	帆	ho

cale (f)	船倉	funagura
proue (f)	船首	senshu
poupe (f)	船尾	senbi
rame (f)	櫂	kai
hélice (f)	プロペラ	puropera
cabine (f)	船室	senshitsu
carré (m) des officiers	士官室	shikan shitsu
salle (f) des machines	機関室	kikan shitsu
passerelle (f)	船橋	funabashi
cabine (f) de T.S.F.	無線室	musen shitsu
onde (f)	電波	denpa
journal (m) de bord	航海日誌	kōkai nisshi
longue-vue (f)	単眼望遠鏡	tangan bōenkyō
cloche (f)	船鐘	funekane
pavillon (m)	旗	hata
grosse corde (f) tressée	ロープ	rōpu
nœud (m) marin	結び目	musubime
rampe (f)	手摺	tesuri
passerelle (f)	舷門	genmon
ancre (f)	錨 [いかり]	ikari
lever l'ancre	錨をあげる	ikari wo ageru
jeter l'ancre	錨を下ろす	ikari wo orosu
chaîne (f) d'ancrage	錨鎖	byōsa
port (m)	港	minato
embarcadère (m)	埠頭	futō
accoster (vi)	係留する	keiryū suru
larguer les amarres	出航する	shukkō suru
voyage (m) (à l'étranger)	旅行	ryokō
croisière (f)	クルーズ	kurūzu
cap (m) (suivre un ~)	針路	shinro
itinéraire (m)	船のルート	fune no rūto
chenal (m)	航路	kōro
bas-fond (m)	浅瀬	asase
échouer sur un bas-fond	浅瀬に乗り上げる	asase ni noriageru
tempête (f)	嵐	arashi
signal (m)	信号	shingō
sombrer (vi)	沈没する	chinbotsu suru
Un homme à la mer!	落水したぞ！	ochimizu shi ta zo!
SOS (m)	ＳＯＳ	esuōesu
bouée (f) de sauvetage	救命浮輪	kyūmei ukiwa

T&P BOOKS

LA VILLE

27. Les transports en commun
28. La ville. La vie urbaine
29. Les institutions urbaines
30. Les enseignes. Les panneaux
31. Le shopping

T&P Books Publishing

27. Les transports en commun

autobus (m)	バス	basu
tramway (m)	路面電車	romen densha
trolleybus (m)	トロリーバス	tororībasu
itinéraire (m)	路線	rosen
numéro (m)	番号	bangō
prendre ...	…で行く	… de iku
monter (dans l'autobus)	乗る	noru
descendre de ...	降りる	oriru
arrêt (m)	停	toma
arrêt (m) prochain	次の停車駅	tsugi no teishaeki
terminus (m)	終着駅	shūchakueki
horaire (m)	時刻表	jikoku hyō
attendre (vt)	待つ	matsu
ticket (m)	乗車券	jōsha ken
prix (m) du ticket	運賃	unchin
caissier (m)	販売員	hanbai in
contrôle (m) des tickets	集札	shū satsu
contrôleur (m)	車掌	shashō
être en retard	遅れる	okureru
rater (~ le train)	逃す	nogasu
se dépêcher	急ぐ	isogu
taxi (m)	タクシー	takushī
chauffeur (m) de taxi	タクシーの運転手	takushī no unten shu
en taxi	タクシーで	takushī de
arrêt (m) de taxi	タクシー乗り場	takushī noriba
appeler un taxi	タクシーを呼ぶ	takushī wo yobu
prendre un taxi	タクシーに乗る	takushī ni noru
trafic (m)	交通	kōtsū
embouteillage (m)	渋滞	jūtai
heures (f pl) de pointe	ラッシュアワー	rasshuawā
se garer (vp)	駐車する	chūsha suru
garer (vt)	駐車する	chūsha suru
parking (m)	駐車場	chūsha jō
métro (m)	地下鉄	chikatetsu
station (f)	駅	eki
prendre le métro	地下鉄で行く	chikatetsu de iku

train (m)	列車	ressha
gare (f)	鉄道駅	tetsudō eki

28. La ville. La vie urbaine

ville (f)	市、町	shi, machi
capitale (f)	首都	shuto
village (m)	村	mura
plan (m) de la ville	市街地図	shigai chizu
centre-ville (m)	中心街	chūshin gai
banlieue (f)	郊外	kōgai
de banlieue (adj)	郊外の	kōgai no
périphérie (f)	町外れ	machihazure
alentours (m pl)	近郊	kinkō
quartier (m)	街区	gaiku
quartier (m) résidentiel	住宅街	jūtaku gai
trafic (m)	交通	kōtsū
feux (m pl) de circulation	信号	shingō
transport (m) urbain	公共交通機関	kōkyō kōtsū kikan
carrefour (m)	交差点	kōsaten
passage (m) piéton	横断歩道	ōdan hodō
passage (m) souterrain	地下道	chikadō
traverser (vt)	横断する	ōdan suru
piéton (m)	歩行者	hokō sha
trottoir (m)	歩道	hodō
pont (m)	橋	hashi
quai (m)	堤防	teibō
fontaine (f)	噴水	funsui
allée (f)	散歩道	sanpomichi
parc (m)	公園	kōen
boulevard (m)	大通り	ōdōri
place (f)	広場	hiroba
avenue (f)	アヴェニュー	avenyū
rue (f)	通り	tōri
ruelle (f)	わき道 [脇道]	wakimichi
impasse (f)	行き止まり	ikidomari
maison (f)	家屋	kaoku
édifice (m)	建物	tatemono
gratte-ciel (m)	摩天楼	matenrō
façade (f)	ファサード	fasādo
toit (m)	屋根	yane
fenêtre (f)	窓	mado

arc (m)	アーチ	āchi
colonne (f)	柱	hashira
coin (m)	角	kado
vitrine (f)	ショーウインドー	shōuindō
enseigne (f)	店看板	mise kanban
affiche (f)	ポスター	posutā
affiche (f) publicitaire	広告ポスター	kōkoku posutā
panneau-réclame (m)	広告掲示板	kōkoku keijiban
ordures (f pl)	ゴミ［ごみ］	gomi
poubelle (f)	ゴミ入れ	gomi ire
jeter à terre	ゴミを投げ捨てる	gomi wo nagesuteru
décharge (f)	ゴミ捨て場	gomi suteba
cabine (f) téléphonique	電話ボックス	denwa bokkusu
réverbère (m)	街灯柱	gaitō bashira
banc (m)	ベンチ	benchi
policier (m)	警官	keikan
police (f)	警察	keisatsu
clochard (m)	こじき	kojiki
sans-abri (m)	ホームレス	hōmuresu

29. Les institutions urbaines

magasin (m)	店、…屋	mise, …ya
pharmacie (f)	薬局	yakkyoku
opticien (m)	眼鏡店	megane ten
centre (m) commercial	ショッピングモール	shoppingu mōru
supermarché (m)	スーパーマーケット	sūpāmāketto
boulangerie (f)	パン屋	panya
boulanger (m)	パン職人	pan shokunin
pâtisserie (f)	菓子店	kashi ten
épicerie (f)	食料品店	shokuryō hin ten
boucherie (f)	肉屋	nikuya
magasin (m) de légumes	八百屋	yaoya
marché (m)	市場	ichiba
salon (m) de café	喫茶店	kissaten
restaurant (m)	レストラン	resutoran
brasserie (f)	パブ	pabu
pizzeria (f)	ピザ屋	piza ya
salon (m) de coiffure	美容院	biyō in
poste (f)	郵便局	yūbin kyoku
pressing (m)	クリーニング屋	kurīningu ya
atelier (m) de photo	写真館	shashin kan

magasin (m) de chaussures	靴屋	kutsuya
librairie (f)	本屋	honya
magasin (m) d'articles de sport	スポーツ店	supōtsu ten
atelier (m) de retouche	洋服直し専門店	yōfuku naoshi senmon ten
location (f) de vêtements	貸衣裳店	kashi ishō ten
location (f) de films	レンタルビデオ店	rentarubideo ten
cirque (m)	サーカス	sākasu
zoo (m)	動物園	dōbutsu en
cinéma (m)	映画館	eiga kan
musée (m)	博物館	hakubutsukan
bibliothèque (f)	図書館	toshokan
théâtre (m)	劇場	gekijō
opéra (m)	オペラハウス	opera hausu
boîte (f) de nuit	ナイトクラブ	naito kurabu
casino (m)	カジノ	kajino
mosquée (f)	モスク	mosuku
synagogue (f)	シナゴーグ	shinagōgu
cathédrale (f)	大聖堂	dai seidō
temple (m)	寺院	jīn
église (f)	教会	kyōkai
institut (m)	大学	daigaku
université (f)	大学	daigaku
école (f)	学校	gakkō
préfecture (f)	県庁舎	ken chōsha
mairie (f)	市役所	shiyaku sho
hôtel (m)	ホテル	hoteru
banque (f)	銀行	ginkō
ambassade (f)	大使館	taishikan
agence (f) de voyages	旅行代理店	ryokō dairi ten
bureau (m) d'information	案内所	annai sho
bureau (m) de change	両替所	ryōgae sho
métro (m)	地下鉄	chikatetsu
hôpital (m)	病院	byōin
station-service (f)	ガソリンスタンド	gasorin sutando
parking (m)	駐車場	chūsha jō

30. Les enseignes. Les panneaux

enseigne (f)	店看板	mise kanban
pancarte (f)	看板	kanban

poster (m)	ポスター	posutā
indicateur (m) de direction	方向看板	hōkō kanban
flèche (f)	矢印	yajirushi
avertissement (m)	注意	chūi
panneau d'avertissement	警告表示	keikoku hyōji
avertir (vt)	警告する	keikoku suru
jour (m) de repos	定休日	teikyū bi
horaire (m)	営業時間の看板	eigyō jikan no kanban
heures (f pl) d'ouverture	営業時間	eigyō jikan
BIENVENUE!	ようこそ	yōkoso
ENTRÉE	入口	iriguchi
SORTIE	出口	deguchi
POUSSER	押す	osu
TIRER	引く	hiku
OUVERT	営業中	eigyō chū
FERMÉ	休業日	kyūgyōbi
FEMMES	女性	josei
HOMMES	男性	dansei
RABAIS	割引	waribiki
SOLDES	バーゲンセール	bāgen sēru
NOUVEAU!	新発売！	shin hatsubai!
GRATUIT	無料	muryō
ATTENTION!	ご注意！	go chūi!
COMPLET	満室	manshitsu
RÉSERVÉ	御予約席	go yoyaku seki
ADMINISTRATION	支配人	shihainin
RÉSERVÉ AU PERSONNEL	関係者以外立入禁止	kankei sha igai tachīrikinshi
ATTENTION CHIEN MÉCHANT	猛犬注意	mōken chūi
DÉFENSE DE FUMER	禁煙	kinen
PRIÈRE DE NE PAS TOUCHER	手を触れるな	te wo fureru na
DANGEREUX	危険	kiken
DANGER	危険	kiken
HAUTE TENSION	高電圧	kō denatsu
BAIGNADE INTERDITE	水泳禁止	suiei kinshi
HORS SERVICE	故障中	koshō chū
INFLAMMABLE	可燃性物質	kanen sei busshitsu
INTERDIT	禁止	kinshi
PASSAGE INTERDIT	通り抜け禁止	tōrinuke kinshi
PEINTURE FRAÎCHE	ペンキ塗りたて	penki nuritate

31. Le shopping

acheter (vt)	買う	kau
achat (m)	買い物	kaimono
faire des achats	買い物に行く	kaimono ni iku
shopping (m)	ショッピング	shoppingu
être ouvert	開いている	hiraite iru
être fermé	閉まっている	shimatte iru
chaussures (f pl)	履物	hakimono
vêtement (m)	洋服	yōfuku
produits (m pl) de beauté	化粧品	keshō hin
produits (m pl) alimentaires	食料品	shokuryō hin
cadeau (m)	土産	miyage
vendeur (m)	店員、売り子	tenin, uriko
vendeuse (f)	店員、売り子	tenin, uriko
caisse (f)	レジ	reji
miroir (m)	鏡	kagami
comptoir (m)	カウンター	kauntā
cabine (f) d'essayage	試着室	shichaku shitsu
essayer (robe, etc.)	試着する	shichaku suru
aller bien (robe, etc.)	合う	au
plaire (être apprécié)	好む	konomu
prix (m)	価格	kakaku
étiquette (f) de prix	値札	nefuda
coûter (vt)	かかる	kakaru
Combien?	いくら？	ikura ?
rabais (m)	割引	waribiki
pas cher (adj)	安価な	anka na
bon marché (adj)	安い	yasui
cher (adj)	高い	takai
C'est cher	それは高い	sore wa takai
location (f)	レンタル	rentaru
louer (une voiture, etc.)	レンタルする	rentaru suru
crédit (m)	信用取引	shinyō torihiki
à crédit (adv)	付けで	tsuke de

T&P BOOKS

LES VÊTEMENTS &
LES ACCESSOIRES

32. Les vêtements d'extérieur
33. Les vêtements
34. Les sous-vêtements
35. Les chapeaux
36. Les chaussures
37. Les accessoires personnels
38. Les vêtements. Divers
39. L'hygiène corporelle.
    Les cosmétiques
40. Les montres. Les horloges

T&P Books Publishing

32. Les vêtements d'extérieur

vêtement (m)	洋服	yōfuku
survêtement (m)	上着	uwagi
vêtement (m) d'hiver	冬服	fuyu fuku
manteau (m)	オーバーコート	ōbā kōto
manteau (m) de fourrure	毛皮のコート	kegawa no kōto
veste (f) de fourrure	毛皮のジャケット	kegawa no jaketto
manteau (m) de duvet	ダウンコート	daun kōto
veste (f) (~ en cuir)	ジャケット	jaketto
imperméable (m)	レインコート	reinkōto
imperméable (adj)	防水の	bōsui no

33. Les vêtements

chemise (f)	ワイシャツ	waishatsu
pantalon (m)	ズボン	zubon
jean (m)	ジーンズ	jīnzu
veston (m)	ジャケット	jaketto
complet (m)	背広	sebiro
robe (f)	ドレス	doresu
jupe (f)	スカート	sukāto
chemisette (f)	ブラウス	burausu
veste (f) en laine	ニットジャケット	nitto jaketto
jaquette (f), blazer (m)	ジャケット	jaketto
tee-shirt (m)	Tシャツ	tīshatsu
short (m)	半ズボン	han zubon
costume (m) de sport	トラックスーツ	torakku sūtsu
peignoir (m) de bain	バスローブ	basurōbu
pyjama (m)	パジャマ	pajama
chandail (m)	セーター	sētā
pull-over (m)	プルオーバー	puruōbā
gilet (m)	ベスト	besuto
queue-de-pie (f)	燕尾服	enbifuku
smoking (m)	タキシード	takishīdo
uniforme (m)	制服	seifuku
tenue (f) de travail	作業服	sagyō fuku

| salopette (f) | オーバーオール | ōbā ōru |
| blouse (f) (d'un médecin) | コート | kōto |

34. Les sous-vêtements

sous-vêtements (m pl)	下着	shitagi
boxer (m)	ボクサーパンツ	bokusā pantsu
slip (m) de femme	パンティー	pantī
maillot (m) de corps	タンクトップ	tanku toppu
chaussettes (f pl)	靴下	kutsushita
chemise (f) de nuit	ネグリジェ	negurije
soutien-gorge (m)	ブラジャー	burajā
chaussettes (f pl) hautes	ニーソックス	nīsokkusu
collants (m pl)	パンティストッキング	pantī sutokkingu
bas (m pl)	ストッキング	sutokkingu
maillot (m) de bain	水着	mizugi

35. Les chapeaux

chapeau (m)	帽子	bōshi
chapeau (m) feutre	フェドーラ帽	fedōra bō
casquette (f) de base-ball	野球帽	yakyū bō
casquette (f)	ハンチング帽	hanchingu bō
béret (m)	ベレー帽	berē bō
capuche (f)	フード	fūdo
panama (m)	パナマ帽	panama bō
bonnet (m) de laine	ニット帽	nitto bō
foulard (m)	ヘッドスカーフ	heddo sukāfu
chapeau (m) de femme	婦人帽子	fujin bōshi
casque (m) (d'ouvriers)	安全ヘルメット	anzen herumetto
calot (m)	略帽	rya ku bō
casque (m) (~ de moto)	ヘルメット	herumetto
melon (m)	山高帽	yamataka bō
haut-de-forme (m)	シルクハット	shiruku hatto

36. Les chaussures

chaussures (f pl)	靴	kutsu
bottines (f pl)	アンクルブーツ	ankuru būtsu
souliers (m pl) (~ plats)	パンプス	panpusu
bottes (f pl)	ブーツ	būtsu

chaussons (m pl)	スリッパ	surippa
tennis (m pl)	テニスシューズ	tenisu shūzu
baskets (f pl)	スニーカー	sunīkā
sandales (f pl)	サンダル	sandaru
cordonnier (m)	靴修理屋	kutsu shūri ya
talon (m)	かかと [踵]	kakato
paire (f)	靴一足	kutsu issoku
lacet (m)	靴ひも	kutsu himo
lacer (vt)	靴ひもを結ぶ	kutsu himo wo musubu
chausse-pied (m)	靴べら	kutsubera
cirage (m)	靴クリーム	kutsu kurīmu

37. Les accessoires personnels

gants (m pl)	手袋	tebukuro
moufles (f pl)	ミトン	miton
écharpe (f)	マフラー	mafurā
lunettes (f pl)	めがね [眼鏡]	megane
monture (f)	めがねのふち	megane no fuchi
parapluie (m)	傘	kasa
canne (f)	杖	tsue
brosse (f) à cheveux	ヘアブラシ	hea burashi
éventail (m)	扇子	sensu
cravate (f)	ネクタイ	nekutai
nœud papillon (m)	蝶ネクタイ	chō nekutai
bretelles (f pl)	サスペンダー	sasupendā
mouchoir (m)	ハンカチ	hankachi
peigne (m)	くし [櫛]	kushi
barrette (f)	髪留め	kami tome
épingle (f) à cheveux	ヘアピン	hea pin
boucle (f)	バックル	bakkuru
ceinture (f)	ベルト	beruto
bandoulière (f)	ショルダーベルト	shorudā beruto
sac (m)	バッグ	baggu
sac (m) à main	ハンドバッグ	hando baggu
sac (m) à dos	バックパック	bakku pakku

38. Les vêtements. Divers

mode (f)	ファッション	fasshon
à la mode (adj)	流行の	ryūkō no

couturier, créateur de mode	ファッションデザイナー	fasshon dezainā
col (m)	襟	eri
poche (f)	ポケット	poketto
de poche (adj)	ポケットの	poketto no
manche (f)	袖	sode
bride (f)	ハンガーループ	hangā rūpu
braguette (f)	ズボンのファスナー	zubon no fasunā
fermeture (f) à glissière	チャック	chakku
agrafe (f)	ファスナー	fasunā
bouton (m)	ボタン	botan
boutonnière (f)	ボタンの穴	botan no ana
s'arracher (bouton)	取れる	toreru
coudre (vi, vt)	縫う	nū
broder (vt)	刺繍する	shishū suru
broderie (f)	刺繍	shishū
aiguille (f)	縫い針	nui bari
fil (m)	糸	ito
couture (f)	縫い目	nuime
se salir (vp)	汚れる	yogoreru
tache (f)	染み	shimi
se froisser (vp)	しわになる	shiwa ni naru
déchirer (vt)	引き裂く	hikisaku
mite (f)	コイガ	koi ga

39. L'hygiène corporelle. Les cosmétiques

dentifrice (m)	歯磨き粉	hamigakiko
brosse (f) à dents	歯ブラシ	haburashi
se brosser les dents	歯を磨く	ha wo migaku
rasoir (m)	カミソリ［剃刀］	kamisori
crème (f) à raser	シェーピングクリーム	shēbingu kurīmu
se raser (vp)	ひげを剃る	hige wo soru
savon (m)	せっけん［石鹸］	sekken
shampooing (m)	シャンプー	shanpū
ciseaux (m pl)	はさみ	hasami
lime (f) à ongles	爪やすり	tsume yasuri
pinces (f pl) à ongles	爪切り	tsume giri
pince (f) à épiler	ピンセット	pinsetto
produits (m pl) de beauté	化粧品	keshō hin
masque (m) de beauté	フェイスパック	feisu pakku
manucure (f)	マニキュア	manikyua
se faire les ongles	マニキュアをしてもらう	manikyua wo shi te morau

pédicurie (f)	ペディキュア	pedikyua
trousse (f) de toilette	化粧ポーチ	keshō pōchi
poudre (f)	フェイスパウダー	feisu pauda
poudrier (m)	ファンデーション	fandēshon
fard (m) à joues	チーク	chīku
parfum (m)	香水	kōsui
eau (f) de toilette	オードトワレ	ōdotoware
lotion (f)	ローション	rō shon
eau de Cologne (f)	オーデコロン	ōdekoron
fard (m) à paupières	アイシャドウ	aishadō
crayon (m) à paupières	アイライナー	airainā
mascara (m)	マスカラ	masukara
rouge (m) à lèvres	口紅	kuchibeni
vernis (m) à ongles	ネイルポリッシュ	neiru porisshu
laque (f) pour les cheveux	ヘアスプレー	hea supurē
déodorant (m)	デオドラント	deodoranto
crème (f)	クリーム	kurīmu
crème (f) pour le visage	フェイスクリーム	feisu kurīmu
crème (f) pour les mains	ハンドクリーム	hando kurīmu
crème (f) anti-rides	しわ取りクリーム	shiwa tori kurīmu
crème (f) de jour	昼用クリーム	hiruyō kurīmu
crème (f) de nuit	夜用クリーム	yoruyō kurīmu
de jour (adj)	昼用…	hiruyō …
de nuit (adj)	夜用…	yoruyō …
tampon (m)	タンポン	tanpon
papier (m) de toilette	トイレットペーパー	toiretto pēpā
sèche-cheveux (m)	ヘアドライヤー	hea doraiyā

40. Les montres. Les horloges

montre (f)	時計	tokei
cadran (m)	ダイヤル	daiyaru
aiguille (f)	針	hari
bracelet (m)	金属ベルト	kinzoku beruto
bracelet (m) (en cuir)	腕時計バンド	udedokei bando
pile (f)	電池	denchi
être déchargé	切れる	kireru
changer de pile	電池を交換する	denchi wo kōkan suru
avancer (vi)	進んでいる	susundeiru
retarder (vi)	遅れている	okureteiru
pendule (f)	掛け時計	kakedokei
sablier (m)	砂時計	sunadokei
cadran (m) solaire	日時計	hidokei

réveil (m)	目覚まし時計	mezamashi dokei
horloger (m)	時計職人	tokei shokunin
réparer (vt)	修理する	shūri suru

T&P BOOKS

L'EXPÉRIENCE QUOTIDIENNE

41. L'argent
42. La poste. Les services postaux
43. Les opérations bancaires
44. Le téléphone. La conversation téléphonique
45. Le téléphone portable
46. La papeterie
47. Les langues étrangères

T&P Books Publishing

argent (m)	お金	okane
échange (m)	両替	ryōgae
cours (m) de change	為替レート	kawase rēto
distributeur (m)	ＡＴＭ	ētīemu
monnaie (f)	コイン	koin

| dollar (m) | ドル | doru |
| euro (m) | ユーロ | yūro |

lire (f)	リラ	rira
mark (m) allemand	ドイツマルク	doitsu maruku
franc (m)	フラン	furan
livre sterling (f)	スターリング・ポンド	sutāringu pondo
yen (m)	円	en

dette (f)	債務	saimu
débiteur (m)	債務者	saimu sha
prêter (vt)	貸す	kasu
emprunter (vt)	借りる	kariru

banque (f)	銀行	ginkō
compte (m)	口座	kōza
verser (dans le compte)	預金する	yokin suru
verser dans le compte	口座に預金する	kōza ni yokin suru
retirer du compte	引き出す	hikidasu

carte (f) de crédit	クレジットカード	kurejitto kādo
espèces (f pl)	現金	genkin
chèque (m)	小切手	kogitte
faire un chèque	小切手を書く	kogitte wo kaku
chéquier (m)	小切手帳	kogitte chō

portefeuille (m)	財布	saifu
bourse (f)	小銭入れ	kozeni ire
porte-monnaie (m)	札入れ	satsu ire
coffre fort (m)	金庫	kinko

héritier (m)	相続人	sōzokunin
héritage (m)	相続	sōzoku
fortune (f)	財産	zaisan

location (f)	賃貸	chintai
loyer (m) (argent)	家賃	yachin
louer (prendre en location)	借りる	kariru

prix (m)	価格	kakaku
coût (m)	費用	hiyō
somme (f)	合計金額	gōkei kingaku

dépenser (vt)	お金を使う	okane wo tsukau
dépenses (f pl)	出費	shuppi
économiser (vt)	倹約する	kenyaku suru
économe (adj)	節約の	setsuyaku no

payer (régler)	払う	harau
paiement (m)	支払い	shiharai
monnaie (f) (rendre la ~)	おつり	o tsuri

impôt (m)	税	zei
amende (f)	罰金	bakkin
mettre une amende	罰金を科す	bakkin wo kasu

42. La poste. Les services postaux

poste (f)	郵便局	yūbin kyoku
courrier (m) (lettres, etc.)	郵便物	yūbin butsu
facteur (m)	郵便配達人	yūbin haitatsu jin
heures (f pl) d'ouverture	営業時間	eigyō jikan

lettre (f)	手紙	tegami
recommandé (m)	書留郵便	kakitome yūbin
carte (f) postale	はがき [葉書]	hagaki
télégramme (m)	電報	denpō
colis (m)	小包	kozutsumi
mandat (m) postal	送金	sōkin

recevoir (vt)	受け取る	uketoru
envoyer (vt)	送る	okuru
envoi (m)	送信	sōshin

adresse (f)	住所	jūsho
code (m) postal	郵便番号	yūbin bangō
expéditeur (m)	送り主	okurinushi
destinataire (m)	受取人	uketorinin

| prénom (m) | 名前 | namae |
| nom (m) de famille | 姓 | sei |

tarif (m)	郵便料金	yūbin ryōkin
normal (adj)	通常の	tsūjō no
économique (adj)	エコノミー航空	ekonomīkōkū

poids (m)	重さ	omo sa
peser (~ les lettres)	量る	hakaru
enveloppe (f)	封筒	fūtō

| timbre (m) | 郵便切手 | yūbin kitte |
| timbrer (vt) | 封筒に切手を貼る | fūtō ni kitte wo haru |

43. Les opérations bancaires

| banque (f) | 銀行 | ginkō |
| agence (f) bancaire | 支店 | shiten |

| conseiller (m) | 銀行員 | ginkōin |
| gérant (m) | 長 | chō |

compte (m)	口座	kōza
numéro (m) du compte	口座番号	kōza bangō
compte (m) courant	当座預金口座	tōza yokin kōza
compte (m) sur livret	貯蓄預金口座	chochiku yokin kōza

| ouvrir un compte | 口座を開く | kōza wo hiraku |
| clôturer le compte | 口座を解約する | kōza wo kaiyaku suru |

| verser dans le compte | 口座に預金する | kōza ni yokin suru |
| retirer du compte | 引き出す | hikidasu |

| dépôt (m) | 預金 | yokin |
| faire un dépôt | 預金する | yokin suru |

| virement (m) bancaire | 送金 | sōkin |
| faire un transfert | 送金する | sōkin suru |

| somme (f) | 合計金額 | gōkei kingaku |
| Combien? | いくら？ | ikura ? |

| signature (f) | 署名 | shomei |
| signer (vt) | 署名する | shomei suru |

| carte (f) de crédit | クレジットカード | kurejitto kādo |
| code (m) | コード | kōdo |

| numéro (m) de carte de crédit | クレジットカード番号 | kurejitto kādo bangō |
| distributeur (m) | ATM | ētīemu |

chèque (m)	小切手	kogitte
faire un chèque	小切手を書く	kogitte wo kaku
chéquier (m)	小切手帳	kogitte chō

crédit (m)	融資	yūshi
demander un crédit	融資を申し込む	yūshi wo mōshikomu
prendre un crédit	融資を受ける	yūshi wo ukeru
accorder un crédit	融資を行う	yūshi wo okonau
gage (m)	保障	hoshō

44. Le téléphone. La conversation téléphonique

téléphone (m)	電話	denwa
portable (m)	携帯電話	keitai denwa
répondeur (m)	留守番電話	rusuban denwa
téléphoner, appeler	電話する	denwa suru
appel (m)	電話	denwa
composer le numéro	電話番号をダイアルする	denwa bangō wo daiaru suru
Allô!	もしもし	moshimoshi
demander (~ l'heure)	問う	tō
répondre (vi, vt)	出る	deru
entendre (bruit, etc.)	聞く	kiku
bien (adv)	良く	yoku
mal (adv)	良くない	yoku nai
bruits (m pl)	電波障害	denpa shōgai
récepteur (m)	受話器	juwaki
décrocher (vt)	電話に出る	denwa ni deru
raccrocher (vi)	電話を切る	denwa wo kiru
occupé (adj)	話し中	hanashi chū
sonner (vi)	鳴る	naru
carnet (m) de téléphone	電話帳	denwa chō
local (adj)	市内の	shinai no
appel (m) local	市内電話	shinai denwa
interurbain (adj)	市外の	shigai no
appel (m) interurbain	市外電話	shigai denwa
international (adj)	国際の	kokusai no
appel (m) international	国際電話	kokusai denwa

45. Le téléphone portable

portable (m)	携帯電話	keitai denwa
écran (m)	ディスプレイ	disupurei
bouton (m)	ボタン	botan
carte SIM (f)	SIMカード	shimu kādo
pile (f)	電池	denchi
être déchargé	切れる	kireru
chargeur (m)	充電器	jūden ki
menu (m)	メニュー	menyū
réglages (m pl)	設定	settei
mélodie (f)	メロディー	merodī

sélectionner (vt)	選択する	sentaku suru
calculatrice (f)	電卓	dentaku
répondeur (m)	ボイスメール	boisu mēru
réveil (m)	目覚まし	mezamashi
contacts (m pl)	連絡先	renraku saki

| SMS (m) | テキストメッセージ | tekisuto messēji |
| abonné (m) | 加入者 | kanyū sha |

46. La papeterie

| stylo (m) à bille | ボールペン | bōrupen |
| stylo (m) à plume | 万年筆 | mannenhitsu |

crayon (m)	鉛筆	enpitsu
marqueur (m)	蛍光ペン	keikō pen
feutre (m)	フェルトペン	feruto pen

| bloc-notes (m) | メモ帳 | memo chō |
| agenda (m) | 手帳 | techō |

règle (f)	定規	jōgi
calculatrice (f)	電卓	dentaku
gomme (f)	消しゴム	keshigomu
punaise (f)	画鋲	gabyō
trombone (m)	ゼムクリップ	zemu kurippu

colle (f)	糊	nori
agrafeuse (f)	ホッチキス	hocchikisu
perforateur (m)	パンチ	panchi
taille-crayon (m)	鉛筆削り	enpitsu kezuri

47. Les langues étrangères

langue (f)	言語	gengo
étranger (adj)	外国の	gaikoku no
langue (f) étrangère	外国語	gaikoku go
étudier (vt)	勉強する	benkyō suru
apprendre (~ l'arabe)	学ぶ	manabu

lire (vi, vt)	読む	yomu
parler (vi, vt)	話す	hanasu
comprendre (vt)	理解する	rikai suru
écrire (vt)	書く	kaku

vite (adv)	速く	hayaku
lentement (adv)	ゆっくり	yukkuri
couramment (adv)	流ちょうに	ryūchō ni

règles (f pl)	規則	kisoku
grammaire (f)	文法	bunpō
vocabulaire (m)	語彙	goi
phonétique (f)	音声学	onseigaku

manuel (m)	教科書	kyōkasho
dictionnaire (m)	辞書	jisho
manuel (m) autodidacte	独習書	dokushū sho
guide (m) de conversation	慣用表現集	kanyō hyōgen shū

cassette (f)	カセットテープ	kasettotēpu
cassette (f) vidéo	ビデオテープ	bideotēpu
CD (m)	ＣＤ（シーディー）	shīdī
DVD (m)	ＤＶＤ ［ディーブイディー］	dībuidī

alphabet (m)	アルファベット	arufabetto
épeler (vt)	スペリングを言う	superingu wo iu
prononciation (f)	発音	hatsuon

accent (m)	なまり［訛り］	namari
avec un accent	訛りのある	namari no aru
sans accent	訛りのない	namari no nai

| mot (m) | 単語 | tango |
| sens (m) | 意味 | imi |

cours (m pl)	講座	kōza
s'inscrire (vp)	申し込む	mōshikomu
professeur (m) (~ d'anglais)	先生	sensei

traduction (f) (action)	翻訳	honyaku
traduction (f) (texte)	訳文	yakubun
traducteur (m)	翻訳者	honyaku sha
interprète (m)	通訳者	tsūyaku sha

| polyglotte (m) | ポリグロット | porigurotto |
| mémoire (f) | 記憶 | kioku |

LES REPAS.
LE RESTAURANT

48. Le dressage de la table
49. Le restaurant
50. Les repas
51. Les plats cuisinés
52. Les aliments
53. Les boissons
54. Les légumes
55. Les fruits. Les noix
56. Le pain. Les confiseries
57. Les épices

T&P Books Publishing

48. Le dressage de la table

cuillère (f)	スプーン	supūn
couteau (m)	ナイフ	naifu
fourchette (f)	フォーク	fōku
tasse (f)	カップ	kappu
assiette (f)	皿	sara
soucoupe (f)	ソーサー	sōsā
serviette (f)	ナフキン	nafukin
cure-dent (m)	つまようじ ［爪楊枝］	tsumayōji

49. Le restaurant

restaurant (m)	レストラン	resutoran
salon (m) de café	喫茶店	kissaten
bar (m)	パブ、バー	pabu, bā
salon (m) de thé	喫茶店	kissaten
serveur (m)	ウェイター	weitā
serveuse (f)	ウェートレス	wĕtoresu
barman (m)	バーテンダー	bātendā
carte (f)	メニュー	menyū
carte (f) des vins	ワインリスト	wain risuto
réserver une table	テーブルを予約する	tēburu wo yoyaku suru
plat (m)	料理	ryōri
commander (vt)	注文する	chūmon suru
faire la commande	注文する	chūmon suru
apéritif (m)	アペリティフ	aperitifu
hors-d'œuvre (m)	前菜	zensai
dessert (m)	デザート	dezāto
addition (f)	お勘定	okanjō
régler l'addition	勘定を払う	kanjō wo harau
rendre la monnaie	釣り銭を渡す	tsurisen wo watasu
pourboire (m)	チップ	chippu

50. Les repas

nourriture (f)	食べ物	tabemono
manger (vi, vt)	食べる	taberu

petit déjeuner (m)	朝食	chōshoku
prendre le petit déjeuner	朝食をとる	chōshoku wo toru
déjeuner (m)	昼食	chūshoku
déjeuner (vi)	昼食をとる	chūshoku wo toru
dîner (m)	夕食	yūshoku
dîner (vi)	夕食をとる	yūshoku wo toru
appétit (m)	食欲	shokuyoku
Bon appétit!	どうぞお召し上がり 下さい！	dōzo o meshiagarikudasai!
ouvrir (vt)	開ける	akeru
renverser (liquide)	こぼす	kobosu
se renverser (liquide)	こぼれる	koboreru
bouillir (vi)	沸く	waku
faire bouillir	沸かす	wakasu
bouilli (l'eau ~e)	沸騰させた	futtō sase ta
refroidir (vt)	冷やす	hiyasu
se refroidir (vp)	冷える	hieru
goût (m)	味	aji
arrière-goût (m)	後味	atoaji
suivre un régime	ダイエットをする	daietto wo suru
régime (m)	ダイエット	daietto
vitamine (f)	ビタミン	bitamin
calorie (f)	カロリー	karorī
végétarien (m)	ベジタリアン	bejitarian
végétarien (adj)	ベジタリアン用の	bejitarian yōno
lipides (m pl)	脂肪	shibō
protéines (f pl)	タンパク質［蛋白質］	tanpaku shitsu
glucides (m pl)	炭水化物	tansuikabutsu
tranche (f)	スライス	suraisu
morceau (m)	一切れ	ichi kire
miette (f)	くず	kuzu

51. Les plats cuisinés

plat (m)	料理	ryōri
cuisine (f)	料理	ryōri
recette (f)	レシピ	reshipi
portion (f)	一人前	ichi ninmae
salade (f)	サラダ	sarada
soupe (f)	スープ	sūpu
bouillon (m)	ブイヨン	buiyon
sandwich (m)	サンドイッチ	sandoicchi

les œufs brouillés	目玉焼き	medamayaki
boulette (f)	クロケット	kuroketto
hamburger (m)	ハンバーガー	hanbāgā
steak (m)	ビーフステーキ	bīfusutēki
rôti (m)	シチュー	shichū
garniture (f)	付け合わせ	tsukeawase
spaghettis (m pl)	スパゲッティ	supagetti
purée (f)	マッシュポテト	masshupoteto
pizza (f)	ピザ	piza
bouillie (f)	ポリッジ	porijji
omelette (f)	オムレツ	omuretsu
cuit à l'eau (adj)	煮た	ni ta
fumé (adj)	薫製の	kunsei no
frit (adj)	揚げた	age ta
sec (adj)	干した	hoshi ta
congelé (adj)	冷凍の	reitō no
mariné (adj)	酢漬けの	suzuke no
sucré (adj)	甘い	amai
salé (adj)	塩味の	shioaji no
froid (adj)	冷たい	tsumetai
chaud (adj)	熱い	atsui
amer (adj)	苦い	nigai
bon (savoureux)	美味しい	oishī
cuire à l'eau	水で煮る	mizu de niru
préparer (le dîner)	料理をする	ryōri wo suru
faire frire	揚げる	ageru
réchauffer (vt)	温める	atatameru
saler (vt)	塩をかける	shio wo kakeru
poivrer (vt)	コショウをかける	koshō wo kakeru
râper (vt)	すりおろす	suri orosu
peau (f)	皮	kawa
éplucher (vt)	皮をむく	kawa wo muku

52. Les aliments

viande (f)	肉	niku
poulet (m)	鶏	niwatori
poulet (m) (poussin)	若鶏	wakadori
canard (m)	ダック	dakku
oie (f)	ガチョウ	gachō
gibier (m)	獲物	emono
dinde (f)	七面鳥	shichimenchuō
du porc	豚肉	buta niku
du veau	子牛肉	kōshi niku

du mouton	子羊肉	kohitsuji niku
du bœuf	牛肉	gyū niku
lapin (m)	兎肉	usagi niku

saucisson (m)	ソーセージ	sōsēji
saucisse (f)	ソーセージ	sōsēji
bacon (m)	ベーコン	bēkon
jambon (m)	ハム	hamu
cuisse (f)	ガモン	gamon

pâté (m)	パテ	pate
foie (m)	レバー	rebā
lard (m)	ラード	rādo
farce (f)	挽肉	hikiniku
langue (f)	タン	tan

œuf (m)	卵	tamago
les œufs	卵	tamago
blanc (m) d'œuf	卵の白身	tamago no shiromi
jaune (m) d'œuf	卵の黄身	tamago no kimi

poisson (m)	魚	sakana
fruits (m pl) de mer	魚介	gyokai
caviar (m)	キャビア	kyabia

crabe (m)	カニ [蟹]	kani
crevette (f)	エビ	ebi
huître (f)	カキ [牡蠣]	kaki
langoustine (f)	伊勢エビ	ise ebi
poulpe (m)	タコ	tako
calamar (m)	イカ	ika

esturgeon (m)	チョウザメ	chōzame
saumon (m)	サケ [鮭]	sake
flétan (m)	ハリバット	haribatto

morue (f)	タラ [鱈]	tara
maquereau (m)	サバ [鯖]	saba
thon (m)	マグロ [鮪]	maguro
anguille (f)	ウナギ [鰻]	unagi

truite (f)	マス [鱒]	masu
sardine (f)	イワシ	iwashi
brochet (m)	カワカマス	kawakamasu
hareng (m)	ニシン	nishin

pain (m)	パン	pan
fromage (m)	チーズ	chīzu
sucre (m)	砂糖	satō
sel (m)	塩	shio
riz (m)	米	kome
pâtes (m pl)	パスタ	pasuta

nouilles (f pl)	麺	men
beurre (m)	バター	batā
huile (f) végétale	植物油	shokubutsu yu
huile (f) de tournesol	ひまわり油	himawari yu
margarine (f)	マーガリン	māgarin
olives (f pl)	オリーブ	orību
huile (f) d'olive	オリーブ油	orību yu
lait (m)	乳、ミルク	nyū, miruku
lait (m) condensé	練乳	rennyū
yogourt (m)	ヨーグルト	yōguruto
crème (f) aigre	サワークリーム	sawā kurīmu
crème (f) (de lait)	クリーム	kurīmu
sauce (f) mayonnaise	マヨネーズ	mayonēzu
crème (f) au beurre	バタークリーム	batā kurīmu
gruau (m)	穀物	kokumotsu
farine (f)	小麦粉	komugiko
conserves (f pl)	缶詰	kanzume
pétales (m pl) de maïs	コーンフレーク	kōn furēku
miel (m)	蜂蜜	hachimitsu
confiture (f)	ジャム	jamu
gomme (f) à mâcher	チューインガム	chūin gamu

53. Les boissons

eau (f)	水	mizu
eau (f) potable	飲用水	inyō sui
eau (f) minérale	ミネラルウォーター	mineraru wōtā
plate (adj)	無炭酸の	mu tansan no
gazeuse (l'eau ~)	炭酸の	tansan no
pétillante (adj)	発泡性の	happō sei no
glace (f)	氷	kōri
avec de la glace	氷入りの	kōri iri no
sans alcool	ノンアルコールの	non arukŌru no
boisson (f) non alcoolisée	炭酸飲料	tansan inryō
rafraîchissement (m)	清涼飲料水	seiryōinryōsui
limonade (f)	レモネード	remonēdo
boissons (f pl) alcoolisées	アルコール	arukŌru
vin (m)	ワイン	wain
vin (m) blanc	白ワイン	shiro wain
vin (m) rouge	赤ワイン	aka wain
liqueur (f)	リキュール	rikyūru
champagne (m)	シャンパン	shanpan

vermouth (m)	ベルモット	berumotto
whisky (m)	ウイスキー	uisukī
vodka (f)	ウォッカ	wokka
gin (m)	ジン	jin
cognac (m)	コニャック	konyakku
rhum (m)	ラム酒	ramu shu

café (m)	コーヒー	kōhī
café (m) noir	ブラックコーヒー	burakku kōhī
café (m) au lait	ミルク入りコーヒー	miruku iri kōhī
cappuccino (m)	カプチーノ	kapuchīno
café (m) soluble	インスタントコーヒー	insutanto kōhī

lait (m)	乳、ミルク	nyū, miruku
cocktail (m)	カクテル	kakuteru
cocktail (m) au lait	ミルクセーキ	miruku sēki

jus (m)	ジュース	jūsu
jus (m) de tomate	トマトジュース	tomato jūsu
jus (m) d'orange	オレンジジュース	orenji jūsu
jus (m) pressé	搾りたてのジュース	shibori tate no jūsu

bière (f)	ビール	bīru
bière (f) blonde	ライトビール	raito bīru
bière (f) brune	黒ビール	kuro bīru

thé (m)	茶	cha
thé (m) noir	紅茶	kō cha
thé (m) vert	緑茶	ryoku cha

54. Les légumes

| légumes (m pl) | 野菜 | yasai |
| verdure (f) | 青物 | aomono |

tomate (f)	トマト	tomato
concombre (m)	きゅうり［胡瓜］	kyūri
carotte (f)	ニンジン［人参］	ninjin
pomme (f) de terre	ジャガイモ	jagaimo
oignon (m)	たまねぎ［玉葱］	tamanegi
ail (m)	ニンニク	ninniku

chou (m)	キャベツ	kyabetsu
chou-fleur (m)	カリフラワー	karifurawā
chou (m) de Bruxelles	メキャベツ	mekyabetsu
brocoli (m)	ブロッコリー	burokkorī

betterave (f)	テーブルビート	tēburu bīto
aubergine (f)	ナス	nasu
courgette (f)	ズッキーニ	zukkīni

| potiron (m) | カボチャ | kabocha |
| navet (m) | カブ | kabu |

persil (m)	パセリ	paseri
fenouil (m)	ディル	diru
laitue (f) (salade)	レタス	retasu
céleri (m)	セロリ	serori
asperge (f)	アスパラガス	asuparagasu
épinard (m)	ホウレンソウ	hōrensō

pois (m)	エンドウ	endō
fèves (f pl)	豆類	mamerui
maïs (m)	トウモロコシ	tōmorokoshi
haricot (m)	金時豆	kintoki mame

poivron (m)	コショウ	koshō
radis (m)	ハツカダイコン	hatsukadaikon
artichaut (m)	アーティチョーク	ātichōku

55. Les fruits. Les noix

fruit (m)	果物	kudamono
pomme (f)	リンゴ	ringo
poire (f)	洋梨	yōnashi
citron (m)	レモン	remon
orange (f)	オレンジ	orenji
fraise (f)	イチゴ（苺）	ichigo

mandarine (f)	マンダリン	mandarin
prune (f)	プラム	puramu
pêche (f)	モモ［桃］	momo
abricot (m)	アンズ［杏子］	anzu
framboise (f)	ラズベリー（木苺）	razuberī
ananas (m)	パイナップル	painappuru

banane (f)	バナナ	banana
pastèque (f)	スイカ	suika
raisin (m)	ブドウ［葡萄］	budō
merise (f), cerise (f)	チェリー	cherī
cerise (f)	サワー チェリー	sawā cherī
merise (f)	スイート チェリー	suīto cherī
melon (m)	メロン	meron

pamplemousse (m)	グレープフルーツ	gurēbu furūtsu
avocat (m)	アボカド	abokado
papaye (f)	パパイヤ	papaiya
mangue (f)	マンゴー	mangō
grenade (f)	ザクロ	zakuro
groseille (f) rouge	フサスグリ	fusa suguri
cassis (m)	クロスグリ	kuro suguri

groseille (f) verte	セイヨウスグリ	seiyō suguri
myrtille (f)	ビルベリー	biruberī
mûre (f)	ブラックベリー	burakku berī

raisin (m) sec	レーズン	rēzun
figue (f)	イチジク	ichijiku
datte (f)	デーツ	dētsu

cacahuète (f)	ピーナッツ	pīnattsu
amande (f)	アーモンド	āmondo
noix (f)	クルミ（胡桃）	kurumi
noisette (f)	ヘーゼルナッツ	hēzeru nattsu
noix (f) de coco	ココナッツ	koko nattsu
pistaches (f pl)	ピスタチオ	pisutachio

56. Le pain. Les confiseries

confiserie (f)	菓子類	kashi rui
pain (m)	パン	pan
biscuit (m)	クッキー	kukkī

chocolat (m)	チョコレート	chokorēto
en chocolat (adj)	チョコレートの	chokorēto no
bonbon (m)	キャンディー	kyandī
gâteau (m), pâtisserie (f)	ケーキ	kēki
tarte (f)	ケーキ	kēki

| gâteau (m) | パイ | pai |
| garniture (f) | フィリング | firingu |

confiture (f)	ジャム	jamu
marmelade (f)	マーマレード	māmarēdo
gaufre (f)	ワッフル	waffuru
glace (f)	アイスクリーム	aisukurīmu
pudding (m)	プディング	pudingu

57. Les épices

sel (m)	塩	shio
salé (adj)	塩味の	shioaji no
saler (vt)	塩をかける	shio wo kakeru

poivre (m) noir	黒コショウ	kuro koshō
poivre (m) rouge	赤唐辛子	aka tōgarashi
moutarde (f)	マスタード	masutādo
raifort (m)	セイヨウワサビ	seiyō wasabi
condiment (m)	調味料	chōmiryō
épice (f)	香辛料	kōshinryō

sauce (f)	ソース	sōsu
vinaigre (m)	酢、ビネガー	su, binegā
anis (m)	アニス	anisu
basilic (m)	バジル	bajiru
clou (m) de girofle	クローブ	kurōbu
gingembre (m)	生姜、ジンジャー	shōga, jinjā
coriandre (m)	コリアンダー	koriandā
cannelle (f)	シナモン	shinamon
sésame (m)	ゴマ［胡麻］	goma
feuille (f) de laurier	ローリエ	rōrie
paprika (m)	パプリカ	papurika
cumin (m)	キャラウェイ	kyarawei
safran (m)	サフラン	safuran

T&P BOOKS

LES DONNÉES PERSONNELLES. LA FAMILLE

58. Les données personnelles. Les formulaires
59. La famille. Les liens de parenté
60. Les amis. Les collègues

T&P Books Publishing

58. Les données personnelles. Les formulaires

prénom (m)	名前	namae
nom (m) de famille	姓	sei
date (f) de naissance	誕生日	tanjō bi
lieu (m) de naissance	出生地	shusseichi
nationalité (f)	国籍	kokuseki
domicile (m)	住所	jūsho
pays (m)	国	kuni
profession (f)	職業	shokugyō
sexe (m)	性	sei
taille (f)	身長	shinchō
poids (m)	体重	taijū

59. La famille. Les liens de parenté

mère (f)	母親	hahaoya
père (m)	父親	chichioya
fils (m)	息子	musuko
fille (f)	娘	musume
fille (f) cadette	下の娘	shitano musume
fils (m) cadet	下の息子	shitano musuko
fille (f) aînée	長女	chōjo
fils (m) aîné	長男	chōnan
frère (m)	兄、弟、兄弟	ani, otōto, kyoōdai
frère (m) aîné	兄	ani
frère (m) cadet	弟	otōto
sœur (f)	姉、妹、姉妹	ane, imōto, shimai
sœur (f) aînée	姉	ane
sœur (f) cadette	妹	imōto
cousin (m)	従兄弟	itoko
cousine (f)	従姉妹	itoko
maman (f)	お母さん	okāsan
papa (m)	お父さん	otōsan
parents (m pl)	親	oya
enfant (m, f)	子供	kodomo
enfants (pl)	子供	kodomo
grand-mère (f)	祖母	sobo
grand-père (m)	祖父	sofu

petit-fils (m)	孫息子	mago musuko
petite-fille (f)	孫娘	mago musume
petits-enfants (pl)	孫	mago

oncle (m)	伯父	oji
tante (f)	伯母	oba
neveu (m)	甥	oi
nièce (f)	姪	mei

belle-mère (f)	妻の母親	tsuma no hahaoya
beau-père (m)	義父	gifu
gendre (m)	娘の夫	musume no otto
belle-mère (f)	継母	keibo
beau-père (m)	継父	keifu

nourrisson (m)	乳児	nyūji
bébé (m)	赤ん坊	akanbō
petit (m)	子供	kodomo

femme (f)	妻	tsuma
mari (m)	夫	otto
époux (m)	配偶者	haigū sha
épouse (f)	配偶者	haigū sha

marié (adj)	既婚の	kikon no
mariée (adj)	既婚の	kikon no
célibataire (adj)	独身の	dokushin no
célibataire (m)	独身男性	dokushin dansei
divorcé (adj)	離婚した	rikon shi ta
veuve (f)	未亡人	mibōjin
veuf (m)	男やもめ	otokoyamome

parent (m)	親戚	shinseki
parent (m) proche	近い親戚	chikai shinseki
parent (m) éloigné	遠い親戚	tōi shinseki
parents (m pl)	親族	shinzoku

orphelin (m), orpheline (f)	孤児	koji
tuteur (m)	後見人	kōkennin
adopter (un garçon)	養子にする	yōshi ni suru
adopter (une fille)	養女にする	yōjo ni suru

60. Les amis. Les collègues

ami (m)	友達	tomodachi
amie (f)	友達	tomodachi
amitié (f)	友情	yūjō
être ami	友達だ	tomodachi da
copain (m)	友達	tomodachi
copine (f)	女友達	onna tomodachi

partenaire (m)	パートナー	pātonā
chef (m)	長	chō
supérieur (m)	上司、上役	jōshi, uwayaku
propriétaire (m)	経営者	keieisha
subordonné (m)	部下	buka
collègue (m, f)	同僚	dōryō
connaissance (f)	知り合い	shiriai
compagnon (m) de route	同調者	dōchō sha
copain (m) de classe	クラスメート	kurasumēto
voisin (m)	隣人、近所	rinjin, kinjo
voisine (f)	隣人、近所	rinjin, kinjo
voisins (m pl)	隣人	rinjin

LE CORPS HUMAIN.
LES MÉDICAMENTS

61. La tête
62. Le corps humain
63. Les maladies
64. Les symptômes. Le traitement. Partie 1
65. Les symptômes. Le traitement. Partie 2
66. Les symptômes. Le traitement. Partie 3
67. Les médicaments. Les accessoires

T&P Books Publishing

tête (f)	頭	atama
visage (m)	顔	kao
nez (m)	鼻	hana
bouche (f)	口	kuchi
œil (m)	眼	me
les yeux	両眼	ryōgan
pupille (f)	瞳	hitomi
sourcil (m)	眉	mayu
cil (m)	まつげ	matsuge
paupière (f)	まぶた	mabuta
langue (f)	舌	shita
dent (f)	歯	ha
lèvres (f pl)	唇	kuchibiru
pommettes (f pl)	頬骨	hōbone
gencive (f)	歯茎	haguki
palais (m)	口蓋	kōgai
narines (f pl)	鼻孔	bikō
menton (m)	あご（頤）	ago
mâchoire (f)	顎	ago
joue (f)	頬	hō
front (m)	額	hitai
tempe (f)	こめかみ	komekami
oreille (f)	耳	mimi
nuque (f)	後頭部	kōtōbu
cou (m)	首	kubi
gorge (f)	喉	nodo
cheveux (m pl)	髪の毛	kaminoke
coiffure (f)	髪形	kamigata
coupe (f)	髪型	kamigata
perruque (f)	かつら	katsura
moustache (f)	口ひげ	kuchihige
barbe (f)	あごひげ	agohige
porter (~ la barbe)	生やしている	hayashi te iru
tresse (f)	三つ編み	mitsu ami
favoris (m pl)	もみあげ	momiage
roux (adj)	赤毛の	akage no
gris, grisonnant (adj)	白髪の	hakuhatsu no

| chauve (adj) | はげ頭の | hageatama no |
| calvitie (f) | はげた部分 | hage ta bubun |

| queue (f) de cheval | ポニーテール | ponītēru |
| frange (f) | 前髪 | maegami |

62. Le corps humain

| main (f) | 手 | te |
| bras (m) | 腕 | ude |

doigt (m)	指	yubi
orteil (m)	つま先	tsumasaki
pouce (m)	親指	oyayubi
petit doigt (m)	小指	koyubi
ongle (m)	爪	tsume

poing (m)	拳	kobushi
paume (f)	手のひら	tenohira
poignet (m)	手首	tekubi
avant-bras (m)	前腕	zen wan
coude (m)	肘	hiji
épaule (f)	肩	kata

jambe (f)	足 [脚]	ashi
pied (m)	足	ashi
genou (m)	膝	hiza
mollet (m)	ふくらはぎ	fuku ra hagi

| hanche (f) | 腰 | koshi |
| talon (m) | かかと [踵] | kakato |

corps (m)	身体	shintai
ventre (m)	腹	hara
poitrine (f)	胸	mune
sein (m)	乳房	chibusa
côté (m)	脇腹	wakibara
dos (m)	背中	senaka

| reins (région lombaire) | 腰背部 | yōwa ibu |
| taille (f) (~ de guêpe) | 腰 | koshi |

nombril (m)	へそ [臍]	heso
fesses (f pl)	臀部	denbu
derrière (m)	尻	shiri

grain (m) de beauté	美人ぼくろ	bijinbokuro
tache (f) de vin	母斑	bohan
tatouage (m)	タトゥー	tatū
cicatrice (f)	傷跡	kizuato

63. Les maladies

maladie (f)	病気	byōki
être malade	病気になる	byōki ni naru
santé (f)	健康	kenkō
rhume (m) (coryza)	鼻水	hanamizu
angine (f)	狭心症	kyōshinshō
refroidissement (m)	風邪	kaze
prendre froid	風邪をひく	kaze wo hiku
bronchite (f)	気管支炎	kikanshien
pneumonie (f)	肺炎	haien
grippe (f)	インフルエンザ	infuruenza
myope (adj)	近視の	kinshi no
presbyte (adj)	遠視の	enshi no
strabisme (m)	斜視	shashi
strabique (adj)	斜視の	shashi no
cataracte (f)	白内障	hakunaishō
glaucome (m)	緑内障	ryokunaishō
insulte (f)	脳卒中	nōsocchū
crise (f) cardiaque	心臓発作	shinzō hossa
infarctus (m) de myocarde	心筋梗塞	shinkinkōsoku
paralysie (f)	まひ ［麻痺］	mahi
paralyser (vt)	まひさせる	mahi saseru
allergie (f)	アレルギー	arerugī
asthme (m)	ぜんそく ［喘息］	zensoku
diabète (m)	糖尿病	tōnyō byō
mal (m) de dents	歯痛	shitsū
carie (f)	カリエス	kariesu
diarrhée (f)	下痢	geri
constipation (f)	便秘	benpi
estomac (m) barbouillé	胃のむかつき	i no mukatsuki
intoxication (f) alimentaire	食中毒	shokuchūdoku
être intoxiqué	食中毒にかかる	shokuchūdoku ni kakaru
arthrite (f)	関節炎	kansetsu en
rachitisme (m)	くる病	kuru yamai
rhumatisme (m)	リューマチ	ryūmachi
athérosclérose (f)	アテローム性動脈硬化	ate rōmu sei dōmyaku kōka
gastrite (f)	胃炎	ien
appendicite (f)	虫垂炎	chūsuien
cholécystite (f)	胆嚢炎	tannō en
ulcère (m)	潰瘍	kaiyō

rougeole (f)	麻疹	hashika
rubéole (f)	風疹	fūshin
jaunisse (f)	黄疸	ōdan
hépatite (f)	肝炎	kanen

schizophrénie (f)	統合失調症	tōgō shicchō shō
rage (f) (hydrophobie)	恐水病	kyōsuibyō
névrose (f)	神経症	shinkeishō
commotion (f) cérébrale	脳震とう（脳震盪）	nōshintō

cancer (m)	がん［癌］	gan
sclérose (f)	硬化症	kōka shō
sclérose (f) en plaques	多発性硬化症	tahatsu sei kōka shō

alcoolisme (m)	アルコール依存症	arukōru izon shō
alcoolique (m)	アルコール依存症患者	arukōru izon shō kanja
syphilis (f)	梅毒	baidoku
SIDA (m)	エイズ	eizu

tumeur (f)	腫瘍	shuyō
maligne (adj)	悪性の	akusei no
bénigne (adj)	良性の	ryōsei no

fièvre (f)	発熱	hatsunetsu
malaria (f)	マラリア	mararia
gangrène (f)	壊疽	eso
mal (m) de mer	船酔い	fune yoi
épilepsie (f)	てんかん［癲癇］	tenkan

épidémie (f)	伝染病	densen byō
typhus (m)	チフス	chifusu
tuberculose (f)	結核	kekkaku
choléra (m)	コレラ	korera
peste (f)	ペスト	pesuto

64. Les symptômes. Le traitement. Partie 1

symptôme (m)	兆候	chōkō
température (f)	体温	taion
fièvre (f)	熱	netsu
pouls (m)	脈拍	myakuhaku

vertige (m)	目まい［眩暈］	memai
chaud (adj)	熱い	atsui
frisson (m)	震え	furue
pâle (adj)	青白い	aojiroi

toux (f)	咳	seki
tousser (vi)	咳をする	seki wo suru
éternuer (vi)	くしゃみをする	kushami wo suru

évanouissement (m)	気絶	kizetsu
s'évanouir (vp)	気絶する	kizetsu suru
bleu (m)	打ち身	uchimi
bosse (f)	たんこぶ	tankobu
se heurter (vp)	あざができる	aza ga dekiru
meurtrissure (f)	打撲傷	dabokushō
se faire mal	打撲する	daboku suru
boiter (vi)	足を引きずる	ashi wo hikizuru
foulure (f)	脱臼	dakkyū
se démettre (l'épaule, etc.)	脱臼する	dakkyū suru
fracture (f)	骨折	kossetsu
avoir une fracture	骨折する	kossetsu suru
coupure (f)	切り傷	kirikizu
se couper (~ le doigt)	切り傷を負う	kirikizu wo ō
hémorragie (f)	出血	shukketsu
brûlure (f)	火傷	yakedo
se brûler (vp)	火傷する	yakedo suru
se piquer (le doigt)	刺す	sasu
se piquer (vp)	自分を刺す	jibun wo sasu
blesser (vt)	けがする	kega suru
blessure (f)	けが［怪我］	kega
plaie (f) (blessure)	負傷	fushō
trauma (m)	外傷	gaishō
délirer (vi)	熱に浮かされる	netsu ni ukasareru
bégayer (vi)	どもる	domoru
insolation (f)	日射病	nisshabyō

65. Les symptômes. Le traitement. Partie 2

douleur (f)	痛み	itami
écharde (f)	とげ［棘］	toge
sueur (f)	汗	ase
suer (vi)	汗をかく	ase wo kaku
vomissement (m)	嘔吐	ōto
spasmes (m pl)	けいれん［痙攣］	keiren
enceinte (adj)	妊娠している	ninshin shi te iru
naître (vi)	生まれる	umareru
accouchement (m)	分娩	bumben
accoucher (vi)	分娩する	bumben suru
avortement (m)	妊娠中絶	ninshin chūzetsu
respiration (f)	呼吸	kokyū
inhalation (f)	息を吸うこと	iki wo sū koto

expiration (f)	息を吐くこと	iki wo haku koto
expirer (vi)	息を吐く	iki wo haku
inspirer (vi)	息を吸う	iki wo sū
invalide (m)	障害者	shōgai sha
handicapé (m)	身障者	shinshōsha
drogué (m)	麻薬中毒者	mayaku chūdoku sha
sourd (adj)	ろうの [聾の]	rō no
muet (adj)	口のきけない	kuchi no kike nai
sourd-muet (adj)	ろうあの [聾唖の]	rōa no
fou (adj)	狂気の	kyōki no
fou (m)	狂人	kyōjin
folle (f)	狂女	kyōjo
devenir fou	気が狂う	ki ga kurū
gène (m)	遺伝子	idenshi
immunité (f)	免疫	meneki
héréditaire (adj)	遺伝性の	iden sei no
congénital (adj)	先天性の	senten sei no
virus (m)	ウィルス	wirusu
microbe (m)	細菌	saikin
bactérie (f)	バクテリア	bakuteria
infection (f)	伝染	densen

66. Les symptômes. Le traitement. Partie 3

hôpital (m)	病院	byōin
patient (m)	患者	kanja
diagnostic (m)	診断	shindan
cure (f) (faire une ~)	療養	ryōyō
traitement (m)	治療	chiryō
se faire soigner	治療を受ける	chiryō wo ukeru
traiter (un patient)	治療する	chiryō suru
soigner (un malade)	看護する	kango suru
soins (m pl)	看護	kango
opération (f)	手術	shujutsu
panser (vt)	包帯をする	hōtai wo suru
pansement (m)	包帯を巻くこと	hōtai wo maku koto
vaccination (f)	予防接種	yobō sesshu
vacciner (vt)	予防接種をする	yobō sesshu wo suru
piqûre (f)	注射	chūsha
faire une piqûre	注射する	chūsha suru
crise, attaque (f)	発作	hossa
amputation (f)	切断手術	setsudan shujutsu

amputer (vt)	切断する	setsudan suru
coma (m)	昏睡	konsui
être dans le coma	昏睡状態になる	konsui jōtai ni naru
réanimation (f)	集中治療	shūchū chiryō
se rétablir (vp)	回復する	kaifuku suru
état (m) (de santé)	体調	taichō
conscience (f)	意識	ishiki
mémoire (f)	記憶	kioku
arracher (une dent)	抜く	nuku
plombage (m)	詰め物	tsume mono
plomber (vt)	詰め物をする	tsume mono wo suru
hypnose (f)	催眠術	saimin jutsu
hypnotiser (vt)	催眠術をかける	saimin jutsu wo kakeru

67. Les médicaments. Les accessoires

médicament (m)	薬	kusuri
remède (m)	治療薬	chiryō yaku
prescrire (vt)	処方する	shohō suru
ordonnance (f)	処方	shohō
comprimé (m)	錠剤	jōzai
onguent (m)	軟膏	nankō
ampoule (f)	アンプル	anpuru
mixture (f)	調合薬	chōgō yaku
sirop (m)	シロップ	shiroppu
pilule (f)	丸剤	gan zai
poudre (f)	粉薬	konagusuri
bande (f)	包帯	hōtai
coton (m) (ouate)	脱脂綿	dasshimen
iode (m)	ヨード	yōdo
sparadrap (m)	ばんそうこう [絆創膏]	bansōkō
compte-gouttes (m)	アイドロッパー	aidoroppā
thermomètre (m)	体温計	taionkei
seringue (f)	注射器	chūsha ki
fauteuil (m) roulant	車椅子	kurumaisu
béquilles (f pl)	松葉杖	matsubazue
anesthésique (m)	痛み止め	itami tome
purgatif (m)	下剤	gezai
alcool (m)	エタノール	etanoru
herbe (f) médicinale	薬草	yakusō
d'herbes (adj)	薬草の	yakusō no

L'APPARTEMENT

68. L'appartement
69. Les meubles. L'intérieur
70. La literie
71. La cuisine
72. La salle de bains
73. Les appareils électroménagers

T&P Books Publishing

68. L'appartement

appartement (m)	アパート	apāto
chambre (f)	部屋	heya
chambre (f) à coucher	寝室	shinshitsu
salle (f) à manger	食堂	shokudō
salon (m)	居間	ima
bureau (m)	書斎	shosai
antichambre (f)	玄関	genkan
salle (f) de bains	浴室	yokushitsu
toilettes (f pl)	トイレ	toire
plafond (m)	天井	tenjō
plancher (m)	床	yuka
coin (m)	隅	sumi

69. Les meubles. L'intérieur

meubles (m pl)	家具	kagu
table (f)	テーブル	tēburu
chaise (f)	椅子	isu
lit (m)	ベッド	beddo
canapé (m)	ソファ	sofa
fauteuil (m)	肘掛け椅子	hijikake isu
bibliothèque (f) (meuble)	書棚	shodana
rayon (m)	棚	tana
étagère (f)	違い棚	chigaidana
armoire (f)	ワードローブ	wādo rōbu
patère (f)	ウォールハンガー	wōru hangā
portemanteau (m)	コートスタンド	kōto sutando
commode (f)	チェスト	chesuto
table (f) basse	コーヒーテーブル	kōhī tēburu
miroir (m)	鏡	kagami
tapis (m)	カーペット	kāpetto
petit tapis (m)	マット	matto
cheminée (f)	暖炉	danro
bougie (f)	ろうそく	rōsoku
chandelier (m)	ろうそく立て	rōsoku date

rideaux (m pl)	カーテン	kāten
papier (m) peint	壁紙	kabegami
jalousie (f)	ブラインド	buraindo
lampe (f) de table	テーブルランプ	tēburu ranpu
applique (f)	ウォールランプ	wōru ranpu
lampadaire (m)	フロアスタンド	furoa sutando
lustre (m)	シャンデリア	shanderia
pied (m) (~ de la table)	脚	ashi
accoudoir (m)	肘掛け	hijikake
dossier (m)	背もたれ	semotare
tiroir (m)	引き出し	hikidashi

70. La literie

linge (m) de lit	寝具	shingu
oreiller (m)	枕	makura
taie (f) d'oreiller	枕カバー	makura kabā
couverture (f)	毛布	mōfu
drap (m)	シーツ	shītsu
couvre-lit (m)	ベッドカバー	beddo kabā

71. La cuisine

cuisine (f)	台所	daidokoro
gaz (m)	ガス	gasu
cuisinière (f) à gaz	ガスコンロ	gasu konro
cuisinière (f) électrique	電気コンロ	denki konro
four (m)	オーブン	ōbun
four (m) micro-ondes	電子レンジ	denshi renji
réfrigérateur (m)	冷蔵庫	reizōko
congélateur (m)	冷凍庫	reitōko
lave-vaisselle (m)	食器洗い機	shokkiarai ki
hachoir (m) à viande	肉挽き器	niku hiki ki
centrifugeuse (f)	ジューサー	jūsā
grille-pain (m)	トースター	tōsutā
batteur (m)	ハンドミキサー	hando mikisā
machine (f) à café	コーヒーメーカー	kōhī mēkā
cafetière (f)	コーヒーポット	kōhī potto
moulin (m) à café	コーヒーグラインダー	kōhī guraindā
bouilloire (f)	やかん	yakan
théière (f)	急須	kyūsu
couvercle (m)	蓋［ふた］	futa

passoire (f) à thé	茶漉し	chakoshi
cuillère (f)	さじ［匙］	saji
petite cuillère (f)	茶さじ	cha saji
cuillère (f) à soupe	大さじ［大匙］	ōsaji
fourchette (f)	フォーク	fōku
couteau (m)	ナイフ	naifu

vaisselle (f)	食器	shokki
assiette (f)	皿	sara
soucoupe (f)	ソーサー	sōsā

verre (m) à shot	ショットグラス	shotto gurasu
verre (m) (~ d'eau)	コップ	koppu
tasse (f)	カップ	kappu

sucrier (m)	砂糖入れ	satō ire
salière (f)	塩入れ	shio ire
poivrière (f)	胡椒入れ	koshō ire
beurrier (m)	バター皿	batā zara

casserole (f)	両手鍋	ryō tenabe
poêle (f)	フライパン	furaipan
louche (f)	おたま	o tama
passoire (f)	水切りボール	mizukiri bōru
plateau (m)	配膳盆	haizen bon

bouteille (f)	ボトル	botoru
bocal (m) (à conserves)	ジャー、瓶	jā, bin
boîte (f) en fer-blanc	缶	kan

ouvre-bouteille (m)	栓抜き	sen nuki
ouvre-boîte (m)	缶切り	kankiri
tire-bouchon (m)	コルク抜き	koruku nuki
filtre (m)	フィルター	firutā
filtrer (vt)	フィルターにかける	firutā ni kakeru

| ordures (f pl) | ゴミ［ごみ］ | gomi |
| poubelle (f) | ゴミ箱 | gomibako |

72. La salle de bains

salle (f) de bains	浴室	yokushitsu
eau (f)	水	mizu
robinet (m)	蛇口	jaguchi
eau (f) chaude	温水	onsui
eau (f) froide	冷水	reisui

dentifrice (m)	歯磨き粉	hamigakiko
se brosser les dents	歯を磨く	ha wo migaku
brosse (f) à dents	歯ブラシ	haburashi

se raser (vp)	ひげを剃る	hige wo soru
mousse (f) à raser	シェービングフォーム	shēbingu fōmu
rasoir (m)	剃刀	kamisori
laver (vt)	洗う	arau
se laver (vp)	風呂に入る	furo ni hairu
douche (f)	シャワー	shawā
prendre une douche	シャワーを浴びる	shawā wo abiru
baignoire (f)	浴槽	yokusō
cuvette (f)	トイレ、便器	toire, benki
lavabo (m)	洗面台	senmen dai
savon (m)	石鹸	sekken
porte-savon (m)	石鹸皿	sekken zara
éponge (f)	スポンジ	suponji
shampooing (m)	シャンプー	shanpū
serviette (f)	タオル	taoru
peignoir (m) de bain	バスローブ	basurōbu
lessive (f) (faire la ~)	洗濯	sentaku
machine (f) à laver	洗濯機	sentaku ki
faire la lessive	洗濯する	sentaku suru
lessive (f) (poudre)	洗剤	senzai

73. Les appareils électroménagers

téléviseur (m)	テレビ	terebi
magnétophone (m)	テープレコーダー	tēpurekōdā
magnétoscope (m)	ビデオ	bideo
radio (f)	ラジオ	rajio
lecteur (m)	プレーヤー	purēyā
vidéoprojecteur (m)	ビデオプロジェクター	bideo purojekutā
home cinéma (m)	ホームシアター	hōmu shiatā
lecteur DVD (m)	ＤＶＤプレーヤー	dībuidī purēyā
amplificateur (m)	アンプ	anpu
console (f) de jeux	ゲーム機	gēmu ki
caméscope (m)	ビデオカメラ	bideo kamera
appareil (m) photo	カメラ	kamera
appareil (m) photo numérique	デジタルカメラ	dejitaru kamera
aspirateur (m)	掃除機	sōji ki
fer (m) à repasser	アイロン	airon
planche (f) à repasser	アイロン台	airondai
téléphone (m)	電話	denwa
portable (m)	携帯電話	keitai denwa

| machine (f) à écrire | タイプライター | taipuraitā |
| machine (f) à coudre | ミシン | mishin |

micro (m)	マイクロフォン	maikurofon
écouteurs (m pl)	ヘッドホン	heddohon
télécommande (f)	リモコン	rimokon

CD (m)	ＣＤ（シーディー）	shīdī
cassette (f)	カセットテープ	kasettotēpu
disque (m) (vinyle)	レコード	rekōdo

T&P BOOKS

LA TERRE. LE TEMPS

74. L'espace cosmique
75. La Terre
76. Les quatre parties du monde
77. Les océans et les mers
78. Les noms des mers et des océans
79. Les montagnes
80. Les noms des chaînes de montagne
81. Les fleuves
82. Les noms des fleuves
83. La forêt
84. Les ressources naturelles
85. Le temps
86. Les intempéries. Les catastrophes naturelles

T&P Books Publishing

cosmos (m)	宇宙	uchū
cosmique (adj)	宇宙の	uchū no
espace (m) cosmique	宇宙空間	uchū kūkan
monde (m)	世界	sekai
univers (m)	宇宙	uchū
galaxie (f)	銀河系	gingakei
étoile (f)	星	hoshi
constellation (f)	星座	seiza
planète (f)	惑星	wakusei
satellite (m)	衛星	eisei
météorite (m)	隕石	inseki
comète (f)	彗星	suisei
astéroïde (m)	小惑星	shōwakusei
orbite (f)	軌道	kidō
tourner (vi)	公転する	kōten suru
atmosphère (f)	大気	taiki
Soleil (m)	太陽	taiyō
système (m) solaire	太陽系	taiyōkei
éclipse (f) de soleil	日食	nisshoku
Terre (f)	地球	chikyū
Lune (f)	月	tsuki
Mars (m)	火星	kasei
Vénus (f)	金星	kinsei
Jupiter (m)	木星	mokusei
Saturne (m)	土星	dosei
Mercure (m)	水星	suisei
Uranus (m)	天王星	tennōsei
Neptune	海王星	kaiōsei
Pluton (m)	冥王星	meiōsei
la Voie Lactée	天の川	amanogawa
la Grande Ours	おおぐま座	ōguma za
la Polaire	北極星	hokkyokusei
martien (m)	火星人	kasei jin
extraterrestre (m)	宇宙人	uchū jin
alien (m)	異星人	i hoshi jin

soucoupe (f) volante	空飛ぶ円盤	sora tobu enban
vaisseau (m) spatial	宇宙船	uchūsen
station (f) orbitale	宇宙ステーション	uchū sutēshon
lancement (m)	打ち上げ	uchiage

moteur (m)	エンジン	enjin
tuyère (f)	ノズル	nozuru
carburant (m)	燃料	nenryō

cabine (f)	コックピット	kokkupitto
antenne (f)	アンテナ	antena
hublot (m)	舷窓	gensō
batterie (f) solaire	太陽電池	taiyō denchi
scaphandre (m)	宇宙服	uchū fuku

| apesanteur (f) | 無重力 | mu jūryoku |
| oxygène (m) | 酸素 | sanso |

| arrimage (m) | ドッキング | dokkingu |
| s'arrimer à ... | ドッキングする | dokkingu suru |

observatoire (m)	天文台	tenmondai
télescope (m)	望遠鏡	bōenkyō
observer (vt)	観察する	kansatsu suru
explorer (un cosmos)	探索する	tansaku suru

75. La Terre

Terre (f)	地球	chikyū
globe (m) terrestre	世界	sekai
planète (f)	惑星	wakusei

atmosphère (f)	大気	taiki
géographie (f)	地理学	chiri gaku
nature (f)	自然	shizen

globe (m) de table	地球儀	chikyūgi
carte (f)	地図	chizu
atlas (m)	地図帳	chizu chō

Europe (f)	ヨーロッパ	yōroppa
Asie (f)	アジア	ajia
Afrique (f)	アフリカ	afurika
Australie (f)	オーストラリア	ōsutoraria

Amérique (f)	アメリカ	amerika
Amérique (f) du Nord	北アメリカ	kita amerika
Amérique (f) du Sud	南アメリカ	minami amerika
l'Antarctique (m)	南極大陸	nankyokutairiku
l'Arctique (m)	北極	hokkyoku

76. Les quatre parties du monde

nord (m)	北	kita
vers le nord	北へ	kita he
au nord	北に	kita ni
du nord (adj)	北の	kita no
sud (m)	南	minami
vers le sud	南へ	minami he
au sud	南に	minami ni
du sud (adj)	南の	minami no
ouest (m)	西	nishi
vers l'occident	西へ	nishi he
à l'occident	西に	nishi ni
occidental (adj)	西の	nishi no
est (m)	東	higashi
vers l'orient	東へ	higashi he
à l'orient	東に	higashi ni
oriental (adj)	東の	higashi no

77. Les océans et les mers

mer (f)	海	umi
océan (m)	海洋	kaiyō
golfe (m)	湾	wan
détroit (m)	海峡	kaikyō
terre (f) ferme	乾燥地	kansō chi
continent (m)	大陸	tairiku
île (f)	島	shima
presqu'île (f)	半島	hantō
archipel (m)	多島海	tatōkai
baie (f)	入り江	irie
port (m)	泊地	hakuchi
lagune (f)	潟	kata
cap (m)	岬	misaki
atoll (m)	環礁	kanshō
récif (m)	暗礁	anshō
corail (m)	サンゴ	sango
récif (m) de corail	サンゴ礁	sangoshō
profond (adj)	深い	fukai
profondeur (f)	深さ	fuka sa
abîme (m)	深淵	shinen
fosse (f) océanique	海溝	kaikō

courant (m)	海流	kairyū
baigner (vt) (mer)	取り囲む	torikakomu
littoral (m)	海岸	kaigan
côte (f)	沿岸	engan
marée (f) haute	満潮	manchō
marée (f) basse	干潮	kanchō
banc (m) de sable	砂州	sasu
fond (m)	底	soko
vague (f)	波	nami
crête (f) de la vague	波頭	namigashira
mousse (f)	泡	awa
tempête (f) en mer	嵐	arashi
ouragan (m)	ハリケーン	harikēn
tsunami (m)	津波	tsunami
calme (m)	凪	nagi
calme (tranquille)	穏やかな	odayaka na
pôle (m)	極地	kyokuchi
polaire (adj)	極地の	kyokuchi no
latitude (f)	緯度	ido
longitude (f)	経度	keido
parallèle (f)	度線	dosen
équateur (m)	赤道	sekidō
ciel (m)	空	sora
horizon (m)	地平線	chiheisen
air (m)	空気	kūki
phare (m)	灯台	tōdai
plonger (vi)	飛び込む	tobikomu
sombrer (vi)	沈没する	chinbotsu suru
trésor (m)	宝	takara

78. Les noms des mers et des océans

océan (m) Atlantique	大西洋	taiseiyō
océan (m) Indien	インド洋	indoyō
océan (m) Pacifique	太平洋	taiheiyō
océan (m) Glacial	北氷洋	kitakōriyō
mer (f) Noire	黒海	kokkai
mer (f) Rouge	紅海	kōkai
mer (f) Jaune	黄海	kōkai
mer (f) Blanche	白海	hakkai
mer (f) Caspienne	カスピ海	kasupikai

mer (f) Morte	死海	shikai
mer (f) Méditerranée	地中海	chichūkai
mer (f) Égée	エーゲ海	ēgekai
mer (f) Adriatique	アドリア海	adoriakai
mer (f) Arabique	アラビア海	arabia kai
mer (f) du Japon	日本海	nihonkai
mer (f) de Béring	ベーリング海	bēringukai
mer (f) de Chine Méridionale	南シナ海	minami shinakai
mer (f) de Corail	珊瑚海	sangokai
mer (f) de Tasman	タスマン海	tasumankai
mer (f) Caraïbe	カリブ海	karibukai
mer (f) de Barents	バレンツ海	barentsukai
mer (f) de Kara	カラ海	karakai
mer (f) du Nord	北海	hokkai
mer (f) Baltique	バルト海	barutokai
mer (f) de Norvège	ノルウェー海	noruwē umi

79. Les montagnes

montagne (f)	山	yama
chaîne (f) de montagnes	山脈	sanmyaku
crête (f)	山稜	sanryō
sommet (m)	頂上	chōjō
pic (m)	とがった山頂	togatta sanchō
pied (m)	麓	fumoto
pente (f)	山腹	sanpuku
volcan (m)	火山	kazan
volcan (m) actif	活火山	kakkazan
volcan (m) éteint	休火山	kyūkazan
éruption (f)	噴火	funka
cratère (m)	噴火口	funkakō
magma (m)	岩漿、マグマ	ganshō, maguma
lave (f)	溶岩	yōgan
en fusion (lave ~)	溶…	yō …
canyon (m)	峡谷	kyōkoku
défilé (m) (gorge)	峡谷	kyōkoku
crevasse (f)	裂け目	sakeme
précipice (m)	奈落の底	naraku no soko
col (m) de montagne	峠	tōge
plateau (m)	高原	kōgen

rocher (m)	断崖	dangai
colline (f)	丘	oka
glacier (m)	氷河	hyōga
chute (f) d'eau	滝	taki
geyser (m)	間欠泉	kanketsusen
lac (m)	湖	mizūmi
plaine (f)	平原	heigen
paysage (m)	風景	fūkei
écho (m)	こだま	kodama
alpiniste (m)	登山家	tozan ka
varappeur (m)	ロッククライマー	rokku kuraimā
conquérir (vt)	征服する	seifuku suru
ascension (f)	登山	tozan

80. Les noms des chaînes de montagne

Alpes (f pl)	アルプス山脈	arupusu sanmyaku
Mont Blanc (m)	モンブラン	monburan
Pyrénées (f pl)	ピレネー山脈	pirenē sanmyaku
Carpates (f pl)	カルパティア山脈	karupatia sanmyaku
Monts Oural (m pl)	ウラル山脈	uraru sanmyaku
Caucase (m)	コーカサス山脈	kōkasasu sanmyaku
Elbrous (m)	エルブルス山	eruburusu san
Altaï (m)	アルタイ山脈	arutai sanmyaku
Tian Chan (m)	天山山脈	amayama sanmyaku
Pamir (m)	パミール高原	pamīru kōgen
Himalaya (m)	ヒマラヤ	himaraya
Everest (m)	エベレスト	eberesuto
Andes (f pl)	アンデス山脈	andesu sanmyaku
Kilimandjaro (m)	キリマンジャロ	kirimanjaro

81. Les fleuves

rivière (f), fleuve (m)	川	kawa
source (f)	泉	izumi
lit (m) (d'une rivière)	川床	kawadoko
bassin (m)	流域	ryūiki
se jeter dans ...	…に流れ込む	… ni nagarekomu
affluent (m)	支流	shiryū
rive (f)	川岸	kawagishi
courant (m)	流れ	nagare

en aval	下流の	karyū no
en amont	上流の	jōryū no
inondation (f)	洪水	kōzui
les grandes crues	氾濫	hanran
déborder (vt)	氾濫する	hanran suru
inonder (vt)	水浸しにする	mizubitashi ni suru
bas-fond (m)	浅瀬	asase
rapide (m)	急流	kyūryū
barrage (m)	ダム	damu
canal (m)	運河	unga
lac (m) de barrage	ため池［溜池］	tameike
écluse (f)	水門	suimon
plan (m) d'eau	水域	suīki
marais (m)	沼地	numachi
fondrière (f)	湿地	shicchi
tourbillon (m)	渦	uzu
ruisseau (m)	小川	ogawa
potable (adj)	飲用の	inyō no
douce (l'eau ~)	淡…	tan …
glace (f)	氷	kōri
être gelé	氷結する	hyōketsu suru

82. Les noms des fleuves

Seine (f)	セーヌ川	sēnu gawa
Loire (f)	ロワール川	rowāru gawa
Tamise (f)	テムズ川	temuzu gawa
Rhin (m)	ライン川	rain gawa
Danube (m)	ドナウ川	donau gawa
Volga (f)	ヴォルガ川	voruga gawa
Don (m)	ドン川	don gawa
Lena (f)	レナ川	rena gawa
Huang He (m)	黄河	kōga
Yangzi Jiang (m)	長江	chōkō
Mékong (m)	メコン川	mekon gawa
Gange (m)	ガンジス川	ganjisu gawa
Nil (m)	ナイル川	nairu gawa
Congo (m)	コンゴ川	kongo gawa
Okavango (m)	オカヴァンゴ川	okavango gawa
Zambèze (m)	ザンベジ川	zanbeji gawa

Limpopo (m)	リンポポ川	rinpopo gawa
Mississippi (m)	ミシシッピ川	mishishippi gawa

83. La forêt

forêt (f)	森林	shinrin
forestier (adj)	森林の	shinrin no
fourré (m)	密林	mitsurin
bosquet (m)	木立	kodachi
clairière (f)	空き地	akichi
broussailles (f pl)	やぶ ［藪］	yabu
taillis (m)	低木地域	teiboku chīki
sentier (m)	小道	komichi
ravin (m)	ガリ	gari
arbre (m)	木	ki
feuille (f)	葉	ha
feuillage (m)	葉っぱ	happa
chute (f) de feuilles	落葉	rakuyō
tomber (feuilles)	落ちる	ochiru
sommet (m)	木のてっぺん	kinoteppen
rameau (m)	枝	eda
branche (f)	主枝	shushi
bourgeon (m)	芽 ［め］	me
aiguille (f)	松葉	matsuba
pomme (f) de pin	松ぼっくり	matsubokkuri
creux (m)	樹洞	kihora
nid (m)	巣	su
terrier (m) (~ d'un renard)	巣穴	su ana
tronc (m)	幹	miki
racine (f)	根	ne
écorce (f)	樹皮	juhi
mousse (f)	コケ ［苔］	koke
déraciner (vt)	根こそぎにする	nekosogi ni suru
abattre (un arbre)	切り倒す	kiritaosu
déboiser (vt)	切り払う	kiriharau
souche (f)	切り株	kirikabu
feu (m) de bois	焚火	takibi
incendie (m)	森林火災	shinrin kasai
éteindre (feu)	火を消す	hi wo kesu
garde (m) forestier	森林警備隊員	shinrin keibi taīn

protection (f)	保護	hogo
protéger (vt)	保護する	hogo suru
braconnier (m)	密漁者	mitsuryō sha
piège (m) à mâchoires	罠	wana

cueillir (champignons)	摘み集める	tsumi atsumeru
cueillir (baies)	採る	toru
s'égarer (vp)	道に迷う	michi ni mayō

84. Les ressources naturelles

ressources (f pl) naturelles	天然資源	tennen shigen
minéraux (m pl)	鉱物資源	kōbutsu shigen
gisement (m)	鉱床	kōshō
champ (m) (~ pétrolifère)	田	den

extraire (vt)	採掘する	saikutsu suru
extraction (f)	採掘	saikutsu
minerai (m)	鉱石	kōseki
mine (f) (site)	鉱山	kōzan
puits (m) de mine	立坑	tatekō
mineur (m)	鉱山労働者	kōzan rōdō sha

| gaz (m) | ガス | gasu |
| gazoduc (m) | ガスパイプライン | gasu paipurain |

pétrole (m)	石油	sekiyu
pipeline (m)	石油パイプライン	sekiyu paipurain
tour (f) de forage	油井	yusei
derrick (m)	油井やぐら	yusei ya gura
pétrolier (m)	タンカー	tankā

sable (m)	砂	suna
calcaire (m)	石灰岩	sekkaigan
gravier (m)	砂利	jari
tourbe (f)	泥炭	deitan
argile (f)	粘土	nendo
charbon (m)	石炭	sekitan

fer (m)	鉄	tetsu
or (m)	金	kin
argent (m)	銀	gin
nickel (m)	ニッケル	nikkeru
cuivre (m)	銅	dō

zinc (m)	亜鉛	aen
manganèse (m)	マンガン	mangan
mercure (m)	水銀	suigin
plomb (m)	鉛	namari
minéral (m)	鉱物	kōbutsu

cristal (m)	水晶	suishō
marbre (m)	大理石	dairiseki
uranium (m)	ウラン	uran

85. Le temps

temps (m)	天気	tenki
météo (f)	天気予報	tenki yohō
température (f)	温度	ondo
thermomètre (m)	温度計	ondo kei
baromètre (m)	気圧計	kiatsu kei
humide (adj)	湿度の	shitsudo no
humidité (f)	湿度	shitsudo
chaleur (f) (canicule)	猛暑	mōsho
torride (adj)	暑い	atsui
il fait très chaud	暑いです	atsui desu
il fait chaud	暖かいです	atatakai desu
chaud (modérément)	暖かい	atatakai
il fait froid	寒いです	samui desu
froid (adj)	寒い	samui
soleil (m)	太陽	taiyō
briller (soleil)	照る	teru
ensoleillé (jour ~)	晴れの	hare no
se lever (vp)	昇る	noboru
se coucher (vp)	沈む	shizumu
nuage (m)	雲	kumo
nuageux (adj)	曇りの	kumori no
nuée (f)	雨雲	amagumo
sombre (adj)	どんよりした	donyori shi ta
pluie (f)	雨	ame
il pleut	雨が降っている	ame ga futte iru
pluvieux (adj)	雨の	ame no
bruiner (v imp)	そぼ降る	sobofuru
pluie (f) torrentielle	土砂降りの雨	doshaburi no ame
averse (f)	大雨	ōame
forte (la pluie ~)	激しい	hageshī
flaque (f)	水溜り	mizutamari
se faire mouiller	ぬれる [濡れる]	nureru
brouillard (m)	霧	kiri
brumeux (adj)	霧の	kiri no
neige (f)	雪	yuki
il neige	雪が降っている	yuki ga futte iru

86. Les intempéries. Les catastrophes naturelles

orage (m)	雷雨	raiu
éclair (m)	稲妻	inazuma
éclater (foudre)	ピカッと光る	pikatto hikaru
tonnerre (m)	雷	kaminari
gronder (tonnerre)	雷が鳴る	kaminari ga naru
le tonnerre gronde	雷が鳴っている	kaminari ga natte iru
grêle (f)	ひょう [雹]	hyō
il grêle	ひょうが降っている	hyō ga futte iru
inonder (vt)	水浸しにする	mizubitashi ni suru
inondation (f)	洪水	kōzui
tremblement (m) de terre	地震	jishin
secousse (f)	震動	shindō
épicentre (m)	震源地	shingen chi
éruption (f)	噴火	funka
lave (f)	溶岩	yōgan
tourbillon (m)	旋風	senpū
tornade (f)	竜巻	tatsumaki
typhon (m)	台風	taifū
ouragan (m)	ハリケーン	harikēn
tempête (f)	暴風	bōfū
tsunami (m)	津波	tsunami
cyclone (m)	サイクロン	saikuron
intempéries (f pl)	悪い天気	warui tenki
incendie (m)	火事	kaji
catastrophe (f)	災害	saigai
météorite (m)	隕石	inseki
avalanche (f)	雪崩	nadare
éboulement (m)	雪崩	nadare
blizzard (m)	猛吹雪	mō fubuki
tempête (f) de neige	吹雪	fubuki

LA FAUNE

87. Les mammifères. Les prédateurs
88. Les animaux sauvages
89. Les animaux domestiques
90. Les oiseaux
91. Les poissons. Les animaux marins
92. Les amphibiens. Les reptiles
93. Les insectes

T&P Books Publishing

87. Les mammifères. Les prédateurs

prédateur (m)	肉食獣	nikushoku juu
tigre (m)	トラ［虎］	tora
lion (m)	ライオン	raion
loup (m)	オオカミ	ōkami
renard (m)	キツネ［狐］	kitsune
jaguar (m)	ジャガー	jagā
léopard (m)	ヒョウ［豹］	hyō
guépard (m)	チーター	chītā
panthère (f)	黒豹	kuro hyō
puma (m)	ピューマ	pyūma
léopard (m) de neiges	雪豹	yuki hyō
lynx (m)	オオヤマネコ	ōyamaneko
coyote (m)	コヨーテ	koyōte
chacal (m)	ジャッカル	jakkaru
hyène (f)	ハイエナ	haiena

88. Les animaux sauvages

animal (m)	動物	dōbutsu
bête (f)	獣	shishi
écureuil (m)	リス	risu
hérisson (m)	ハリネズミ［針鼠］	harinezumi
lièvre (m)	ヘア	hea
lapin (m)	ウサギ［兎］	usagi
blaireau (m)	アナグマ	anaguma
raton (m)	アライグマ	araiguma
hamster (m)	ハムスター	hamusutā
marmotte (f)	マーモット	māmotto
taupe (f)	モグラ	mogura
souris (f)	ネズミ	nezumi
rat (m)	ラット	ratto
chauve-souris (f)	コウモリ［蝙蝠］	kōmori
hermine (f)	オコジョ	okojo
zibeline (f)	クロテン	kuroten
martre (f)	マツテン	matsu ten

belette (f)	イタチ（鼬、鼬鼠）	itachi
vison (m)	ミンク	minku
castor (m)	ビーバー	bībā
loutre (f)	カワウソ	kawauso
cheval (m)	ウマ［馬］	uma
élan (m)	ヘラジカ（箆鹿）	herajika
cerf (m)	シカ［鹿］	shika
chameau (m)	ラクダ［駱駝］	rakuda
bison (m)	アメリカバイソン	amerika baison
aurochs (m)	ヨーロッパバイソン	yōroppa baison
buffle (m)	水牛	suigyū
zèbre (m)	シマウマ［縞馬］	shimauma
antilope (f)	レイヨウ	reiyō
chevreuil (m)	ノロジカ	noro jika
biche (f)	ダマジカ	damajika
chamois (m)	シャモア	shamoa
sanglier (m)	イノシシ［猪］	inoshishi
baleine (f)	クジラ［鯨］	kujira
phoque (m)	アザラシ	azarashi
morse (m)	セイウチ［海象］	seiuchi
ours (m) de mer	オットセイ［膃肭臍］	ottosei
dauphin (m)	いるか［海豚］	iruka
ours (m)	クマ［熊］	kuma
ours (m) blanc	ホッキョクグマ	hokkyokuguma
panda (m)	パンダ	panda
singe (m)	サル［猿］	saru
chimpanzé (m)	チンパンジー	chinpanjī
orang-outang (m)	オランウータン	oranwutan
gorille (m)	ゴリラ	gorira
macaque (m)	マカク	makaku
gibbon (m)	テナガザル	tenagazaru
éléphant (m)	ゾウ［象］	zō
rhinocéros (m)	サイ［犀］	sai
girafe (f)	キリン	kirin
hippopotame (m)	カバ［河馬］	kaba
kangourou (m)	カンガルー	kangarū
koala (m)	コアラ	koara
mangouste (f)	マングース	mangūsu
chinchilla (m)	チンチラ	chinchira
mouffette (f)	スカンク	sukanku
porc-épic (m)	ヤマアラシ	yamārashi

89. Les animaux domestiques

chat (m) (femelle)	猫	neko
chat (m) (mâle)	オス猫	osu neko
chien (m)	犬	inu
cheval (m)	ウマ [馬]	uma
étalon (m)	種馬	taneuma
jument (f)	雌馬	meuma
vache (f)	雌牛	meushi
taureau (m)	雄牛	ōshi
bœuf (m)	去勢牛	kyosei ushi
brebis (f)	羊	hitsuji
mouton (m)	雄羊	ohitsuji
chèvre (f)	ヤギ [山羊]	yagi
bouc (m)	雄ヤギ	oyagi
âne (m)	ロバ	roba
mulet (m)	ラバ	raba
cochon (m)	ブタ [豚]	buta
pourceau (m)	子豚	kobuta
lapin (m)	カイウサギ [飼兎]	kai usagi
poule (f)	ニワトリ [鶏]	niwatori
coq (m)	おんどり [雄鶏]	ondori
canard (m)	アヒル	ahiru
canard (m) mâle	雄アヒル	oahiru
oie (f)	ガチョウ	gachō
dindon (m)	雄七面鳥	oshichimenchō
dinde (f)	七面鳥 [シチメンチョウ]	shichimenchō
animaux (m pl) domestiques	家畜	kachiku
apprivoisé (adj)	馴れた	nare ta
apprivoiser (vt)	かいならす	kainarasu
élever (vt)	飼養する	shiyō suru
ferme (f)	農場	nōjō
volaille (f)	家禽	kakin
bétail (m)	畜牛	chiku gyū
troupeau (m)	群れ	mure
écurie (f)	馬小屋	umagoya
porcherie (f)	豚小屋	buta goya
vacherie (f)	牛舎	gyūsha
cabane (f) à lapins	ウサギ小屋	usagi koya
poulailler (m)	鶏小屋	niwatori goya

90. Les oiseaux

oiseau (m)	鳥	tori
pigeon (m)	鳩 [ハト]	hato
moineau (m)	スズメ（雀）	suzume
mésange (f)	シジュウカラ [四十雀]	shijūkara
pie (f)	カササギ（鵲）	kasasagi
corbeau (m)	ワタリガラス [渡鴉]	watari garasu
corneille (f)	カラス [鴉]	karasu
choucas (m)	ニシコクマルガラス	nishikokumaru garasu
freux (m)	ミヤマガラス [深山烏]	miyama garasu
canard (m)	カモ [鴨]	kamo
oie (f)	ガチョウ	gachō
faisan (m)	キジ	kiji
aigle (m)	鷲	washi
épervier (m)	鷹	taka
faucon (m)	ハヤブサ [隼]	hayabusa
vautour (m)	ハゲワシ	hagewashi
condor (m)	コンドル	kondoru
cygne (m)	白鳥 [ハクチョウ]	hakuchō
grue (f)	鶴 [ツル]	tsuru
cigogne (f)	シュバシコウ	shubashikō
perroquet (m)	オウム	ōmu
colibri (m)	ハチドリ [蜂鳥]	hachidori
paon (m)	クジャク [孔雀]	kujaku
autruche (f)	ダチョウ [駝鳥]	dachō
héron (m)	サギ [鷺]	sagi
flamant (m)	フラミンゴ	furamingo
pélican (m)	ペリカン	perikan
rossignol (m)	サヨナキドリ	sayonakidori
hirondelle (f)	ツバメ [燕]	tsubame
merle (m)	ノハラツグミ	nohara tsugumi
grive (f)	ウタツグミ [歌鶫]	uta tsugumi
merle (m) noir	クロウタドリ	kurōtadori
martinet (m)	アマツバメ [雨燕]	ama tsubame
alouette (f) des champs	ヒバリ [雲雀]	hibari
caille (f)	ウズラ	uzura
pivert (m)	キツツキ	kitsutsuki
coucou (m)	カッコウ [郭公]	kakkō
chouette (f)	トラフズク	torafuzuku
hibou (m)	ワシミミズク	washi mimizuku

tétras (m)	ヨーロッパ オオライチョウ	yōroppa ōraichō
tétras-lyre (m)	クロライチョウ	kuro raichō
perdrix (f)	ヨーロッパヤマウズラ	yōroppa yamauzura
étourneau (m)	ムクドリ	mukudori
canari (m)	カナリア [金糸雀]	kanaria
gélinotte (f) des bois	エゾライチョウ	ezo raichō
pinson (m)	ズアオアトリ	zuaoatori
bouvreuil (m)	ウソ [鷽]	uso
mouette (f)	カモメ [鷗]	kamome
albatros (m)	アホウドリ	ahōdori
pingouin (m)	ペンギン	pengin

91. Les poissons. Les animaux marins

brème (f)	ブリーム	burīmu
carpe (f)	コイ [鯉]	koi
perche (f)	ヨーロピアンパーチ	yōropian pāchi
silure (m)	ナマズ	namazu
brochet (m)	カワカマス	kawakamasu
saumon (m)	サケ	sake
esturgeon (m)	チョウザメ [蝶鮫]	chōzame
hareng (m)	ニシン	nishin
saumon (m) atlantique	タイセイヨウサケ [大西洋鮭]	taiseiyō sake
maquereau (m)	サバ [鯖]	saba
flet (m)	カレイ [鰈]	karei
sandre (f)	ザンダー	zandā
morue (f)	タラ [鱈]	tara
thon (m)	マグロ [鮪]	maguro
truite (f)	マス [鱒]	masu
anguille (f)	ウナギ [鰻]	unagi
torpille (f)	シビレエイ	shibireei
murène (f)	ウツボ [鱓]	utsubo
piranha (m)	ピラニア	pirania
requin (m)	サメ [鮫]	same
dauphin (m)	イルカ [海豚]	iruka
baleine (f)	クジラ [鯨]	kujira
crabe (m)	カニ [蟹]	kani
méduse (f)	クラゲ [水母]	kurage
pieuvre (f), poulpe (m)	タコ [蛸]	tako
étoile (f) de mer	ヒトデ [海星]	hitode

oursin (m)	ウニ [海胆]	uni
hippocampe (m)	タツノオトシゴ	tatsunootoshigo
huître (f)	カキ [牡蠣]	kaki
crevette (f)	エビ	ebi
homard (m)	イセエビ	iseebi
langoustine (f)	スパイニーロブスター	supainī robusutā

92. Les amphibiens. Les reptiles

serpent (m)	ヘビ（蛇）	hebi
venimeux (adj)	毒…、 有毒な	doku…, yūdoku na
vipère (f)	クサリヘビ	kusarihebi
cobra (m)	コブラ	kobura
python (m)	ニシキヘビ	nishikihebi
boa (m)	ボア	boa
couleuvre (f)	ヨーロッパヤマカガシ	yōroppa yamakagashi
serpent (m) à sonnettes	ガラガラヘビ	garagarahebi
anaconda (m)	アナコンダ	anakonda
lézard (m)	トカゲ [蜥蜴]	tokage
iguane (m)	イグアナ	iguana
varan (m)	オオトカゲ	ōtokage
salamandre (f)	サンショウウオ [山椒魚]	sanshōuo
caméléon (m)	カメレオン	kamereon
scorpion (m)	サソリ [蠍]	sasori
tortue (f)	カメ [亀]	kame
grenouille (f)	蛙 [カエル]	kaeru
crapaud (m)	ヒキガエル	hikigaeru
crocodile (m)	ワニ [鰐]	wani

93. Les insectes

insecte (m)	昆虫	konchū
papillon (m)	チョウ [蝶]	chō
fourmi (f)	アリ [蟻]	ari
mouche (f)	ハエ [蝿]	hae
moustique (m)	カ [蚊]	ka
scarabée (m)	甲虫	kabutomushi
guêpe (f)	ワスプ	wasupu
abeille (f)	ハチ [蜂]	hachi
bourdon (m)	マルハナバチ [丸花蜂]	maruhanabachi
œstre (m)	アブ [虻]	abu
araignée (f)	クモ [蜘蛛]	kumo

toile (f) d'araignée	クモの巣	kumo no su
libellule (f)	トンボ［蜻蛉］	tonbo
sauterelle (f)	キリギリス	kirigirisu
papillon (m)	ガ［蛾］	ga

cafard (m)	ゴキブリ［蜚蠊］	gokiburi
tique (f)	ダニ［蜱蟎、蜱］	dani
puce (f)	ノミ［蚤］	nomi
moucheron (m)	ヌカカ［糠蚊］	nukaka

criquet (m)	バッタ［飛蝗］	batta
escargot (m)	カタツムリ［蝸牛］	katatsumuri
grillon (m)	コオロギ［蟋蟀、蛩］	kōrogi
luciole (f)	ホタル［蛍、螢］	hotaru
coccinelle (f)	テントウムシ［天道虫］	tentōmushi
hanneton (m)	コフキコガネ	kofukikogane

sangsue (f)	ヒル［蛭］	hiru
chenille (f)	ケムシ［毛虫］	kemushi
ver (m)	ミミズ［蚯蚓］	mimizu
larve (f)	幼虫	yōchū

LA FLORE

94. Les arbres
95. Les arbustes
96. Les fruits. Les baies
97. Les fleurs. Les plantes
98. Les céréales

T&P Books Publishing

arbre (m)	木	ki
à feuilles caduques	落葉性の	rakuyō sei no
conifère (adj)	針葉樹の	shinyōju no
à feuilles persistantes	常緑の	jōryoku no
pommier (m)	りんごの木	ringonoki
poirier (m)	洋梨の木	yōnashinoki
merisier (m)	セイヨウミザクラ	seiyōmi zakura
cerisier (m)	スミミザクラ	sumimi zakura
prunier (m)	プラムトリー	puramu torī
bouleau (m)	カバノキ	kabanoki
chêne (m)	オーク	ōku
tilleul (m)	シナノキ [科の木]	shinanoki
tremble (m)	ヤマナラシ [山鳴らし]	yamanarashi
érable (m)	カエデ [楓]	kaede
épicéa (m)	スプルース	supurūsu
pin (m)	マツ [松]	matsu
mélèze (m)	カラマツ [唐松]	karamatsu
sapin (m)	モミ [樅]	momi
cèdre (m)	シダー	shidā
peuplier (m)	ポプラ	popura
sorbier (m)	ナナカマド	nanakamado
saule (m)	ヤナギ [柳]	yanagi
aune (m)	ハンノキ	hannoki
hêtre (m)	ブナ	buna
orme (m)	ニレ [楡]	nire
frêne (m)	トネリコ [梣]	toneriko
marronnier (m)	クリ [栗]	kuri
magnolia (m)	モクレン [木蓮]	mokuren
palmier (m)	ヤシ [椰子]	yashi
cyprès (m)	イトスギ [糸杉]	itosugi
palétuvier (m)	マングローブ	mangurōbu
baobab (m)	バオバブ	baobabu
eucalyptus (m)	ユーカリ	yūkari
séquoia (m)	セコイア	sekoia

95. Les arbustes

buisson (m)	低木	teiboku
arbrisseau (m)	潅木	kanboku
vigne (f)	ブドウ ［葡萄］	budō
vigne (f) (vignoble)	ブドウ園 ［葡萄園］	budōen
framboise (f)	ラズベリー	razuberī
cassis (m)	クロスグリ	kuro suguri
groseille (f) rouge	フサスグリ	fusa suguri
groseille (f) verte	セイヨウスグリ	seiyō suguri
acacia (m)	アカシア	akashia
berbéris (m)	メギ	megi
jasmin (m)	ジャスミン	jasumin
genévrier (m)	セイヨウネズ	seiyōnezu
rosier (m)	バラの木	baranoki
églantier (m)	イヌバラ	inu bara

96. Les fruits. Les baies

fruit (m)	果物	kudamono
fruits (m pl)	果物	kudamono
pomme (f)	リンゴ	ringo
poire (f)	洋梨	yōnashi
prune (f)	プラム	puramu
fraise (f)	イチゴ （苺）	ichigo
merise (f), cerise (f)	チェリー	cherī
cerise (f)	サワー チェリー	sawā cherī
merise (f)	スイート チェリー	suīto cherī
raisin (m)	ブドウ ［葡萄］	budō
framboise (f)	ラズベリー （木苺）	razuberī
cassis (m)	クロスグリ	kuro suguri
groseille (f) rouge	フサスグリ	fusa suguri
groseille (f) verte	セイヨウスグリ	seiyō suguri
canneberge (f)	クランベリー	kuranberī
orange (f)	オレンジ	orenji
mandarine (f)	マンダリン	mandarin
ananas (m)	パイナップル	painappuru
banane (f)	バナナ	banana
datte (f)	デーツ	dētsu
citron (m)	レモン	remon
abricot (m)	アンズ ［杏子］	anzu

pêche (f)	モモ [桃]	momo
kiwi (m)	キウイ	kiui
pamplemousse (m)	グレープフルーツ	gurēbu furūtsu
baie (f)	ベリー	berī
baies (f pl)	ベリー	berī
airelle (f) rouge	コケモモ	kokemomo
fraise (f) des bois	ノイチゴ [野いちご]	noichigo
myrtille (f)	ビルベリー	biruberī

97. Les fleurs. Les plantes

fleur (f)	花	hana
bouquet (m)	花束	hanataba
rose (f)	バラ	bara
tulipe (f)	チューリップ	chūrippu
oeillet (m)	カーネーション	kānēshon
glaïeul (m)	グラジオラス	gurajiorasu
bleuet (m)	ヤグルマギク [矢車菊]	yagurumagiku
campanule (f)	ホタルブクロ	hotarubukuro
dent-de-lion (f)	タンポポ [蒲公英]	tanpopo
marguerite (f)	カモミール	kamomīru
aloès (m)	アロエ	aroe
cactus (m)	サボテン	saboten
ficus (m)	イチジク	ichijiku
lis (m)	ユリ [百合]	yuri
géranium (m)	ゼラニウム	zeranyūmu
jacinthe (f)	ヒヤシンス	hiyashinsu
mimosa (m)	ミモザ	mimoza
jonquille (f)	スイセン [水仙]	suisen
capucine (f)	キンレンカ [金蓮花]	kinrenka
orchidée (f)	ラン [蘭]	ran
pivoine (f)	シャクヤク [芍薬]	shakuyaku
violette (f)	スミレ [菫]	sumire
pensée (f)	パンジー	panjī
myosotis (m)	ワスレナグサ [勿忘草]	wasurenagusa
pâquerette (f)	デイジー	deijī
coquelicot (m)	ポピー	popī
chanvre (m)	アサ [麻]	asa
menthe (f)	ミント	minto
muguet (m)	スズラン [鈴蘭]	suzuran
perce-neige (f)	スノードロップ	sunōdoroppu

ortie (f)	イラクサ [刺草]	irakusa
oseille (f)	スイバ	suiba
nénuphar (m)	スイレン [睡蓮]	suiren
fougère (f)	シダ	shida
lichen (m)	地衣類	chī rui
serre (f) tropicale	温室	onshitsu
gazon (m)	芝生	shibafu
parterre (m) de fleurs	花壇	kadan
plante (f)	植物	shokubutsu
herbe (f)	草	kusa
brin (m) d'herbe	草の葉	kusa no ha
feuille (f)	葉	ha
pétale (m)	花びら	hanabira
tige (f)	茎	kuki
tubercule (m)	塊茎	kaikei
pousse (f)	シュート	shūto
épine (f)	茎針	kuki hari
fleurir (vi)	開花する	kaika suru
se faner (vp)	しおれる	shioreru
odeur (f)	香り	kaori
couper (vt)	切る	kiru
cueillir (fleurs)	摘む	tsumamu

98. Les céréales

grains (m pl)	穀物	kokumotsu
céréales (f pl) (plantes)	禾穀類	kakokurui
épi (m)	花穂	kasui
blé (m)	コムギ [小麦]	komugi
seigle (m)	ライムギ [ライ麦]	raimugi
avoine (f)	オーツムギ [オーツ麦]	ōtsu mugi
millet (m)	キビ [黍]	kibi
orge (f)	オオムギ [大麦]	ōmugi
maïs (m)	トウモロコシ	tōmorokoshi
riz (m)	イネ [稲]	ine
sarrasin (m)	ソバ [蕎麦]	soba
pois (m)	エンドウ [豌豆]	endō
haricot (m)	インゲンマメ [隠元豆]	ingen mame
soja (m)	ダイズ [大豆]	daizu
lentille (f)	レンズマメ [レンズ豆]	renzu mame
fèves (f pl)	豆類	mamerui

T&P BOOKS

LES PAYS DU MONDE

99. Les pays du monde. Partie 1
100. Les pays du monde. Partie 2
101. Les pays du monde. Partie 3

T&P Books Publishing

Afghanistan (m)	アフガニスタン	afuganisutan
Albanie (f)	アルバニア	arubania
Allemagne (f)	ドイツ	doitsu
Angleterre (f)	イギリス	igirisu
Arabie (f) Saoudite	サウジアラビア	saujiarabia
Argentine (f)	アルゼンチン	aruzenchin
Arménie (f)	アルメニア	arumenia
Australie (f)	オーストラリア	ōsutoraria
Autriche (f)	オーストリア	ōsutoria
Azerbaïdjan (m)	アゼルバイジャン	azerubaijan
Bahamas (f pl)	バハマ	bahama
Bangladesh (m)	バングラデシュ	banguradeshu
Belgique (f)	ベルギー	berugī
Biélorussie (f)	ベラルーシー	berarūshī
Bolivie (f)	ボリビア	boribia
Bosnie (f)	ボスニア・ヘルツェゴヴィナ	bosunia herutsegovina
Brésil (m)	ブラジル	burajiru
Bulgarie (f)	ブルガリア	burugaria
Cambodge (m)	カンボジア	kanbojia
Canada (m)	カナダ	kanada
Chili (m)	チリ	chiri
Chine (f)	中国	chūgoku
Chypre (m)	キプロス	kipurosu
Colombie (f)	コロンビア	koronbia
Corée (f) du Nord	北朝鮮	kitachōsen
Corée (f) du Sud	大韓民国	daikanminkoku
Croatie (f)	クロアチア	kuroachia
Cuba (f)	キューバ	kyūba
Danemark (m)	デンマーク	denmāku
Écosse (f)	スコットランド	sukottorando
Égypte (f)	エジプト	ejiputo
Équateur (m)	エクアドル	ekuadoru
Espagne (f)	スペイン	supein
Estonie (f)	エストニア	esutonia
Les États Unis	アメリカ合衆国	amerika gasshūkoku
Fédération (f) des Émirats Arabes Unis	アラブ首長国連邦	arabu shuchō koku renpō
Finlande (f)	フィンランド	finrando
France (f)	フランス	furansu

Géorgie (f)	グルジア	gurujia
Ghana (m)	ガーナ	gāna
Grande-Bretagne (f)	グレートブリテン島	gurētoburiten tō
Grèce (f)	ギリシャ	girisha

100. Les pays du monde. Partie 2

Haïti (m)	ハイチ	haichi
Hongrie (f)	ハンガリー	hangarī
Inde (f)	インド	indo
Indonésie (f)	インドネシア	indoneshia
Iran (m)	イラン	iran
Iraq (m)	イラク	iraku
Irlande (f)	アイルランド	airurando
Islande (f)	アイスランド	aisurando
Israël (m)	イスラエル	isuraeru
Italie (f)	イタリア	itaria
Jamaïque (f)	ジャマイカ	jamaika
Japon (m)	日本	nihon
Jordanie (f)	ヨルダン	yorudan
Kazakhstan (m)	カザフスタン	kazafusutan
Kenya (m)	ケニア	kenia
Kirghizistan (m)	キルギス	kirugisu
Koweït (m)	クウェート	kuwēto
Laos (m)	ラオス	raosu
Lettonie (f)	ラトビア	ratobia
Liban (m)	レバノン	rebanon
Libye (f)	リビア	ribia
Liechtenstein (m)	リヒテンシュタイン	rihitenshutain
Lituanie (f)	リトアニア	ritoania
Luxembourg (m)	ルクセンブルク	rukusenburuku
Macédoine (f)	マケドニア地方	makedonia chihō
Madagascar (f)	マダガスカル	madagasukaru
Malaisie (f)	マレーシア	marēshia
Malte (f)	マルタ	maruta
Maroc (m)	モロッコ	morokko
Mexique (m)	メキシコ	mekishiko
Moldavie (f)	モルドヴァ	morudova
Monaco (m)	モナコ	monako
Mongolie (f)	モンゴル	mongoru
Monténégro (m)	モンテネグロ	monteneguro
Myanmar (m)	ミャンマー	myanmā
Namibie (f)	ナミビア	namibia
Népal (m)	ネパール	nepāru
Norvège (f)	ノルウェー	noruwē

Nouvelle Zélande (f)	ニュージーランド	nyūjīrando
Ouzbékistan (m)	ウズベキスタン	uzubekisutan

101. Les pays du monde. Partie 3

Pakistan (m)	パキスタン	pakisutan
Palestine (f)	パレスチナ	paresuchina
Panamá (m)	パナマ	panama
Paraguay (m)	パラグアイ	paraguai
Pays-Bas (m)	ネーデルラント	nēderuranto
Pérou (m)	ペルー	perū
Pologne (f)	ポーランド	pōrando
Polynésie (f) Française	フランス領ポリネシア	furansu ryō porineshia
Portugal (m)	ポルトガル	porutogaru
République (f) Dominicaine	ドミニカ共和国	dominikakyōwakoku
République (f) Sud-africaine	南アフリカ	minami afurika
République (f) Tchèque	チェコ	cheko
Roumanie (f)	ルーマニア	rūmania
Russie (f)	ロシア	roshia
Sénégal (m)	セネガル	senegaru
Serbie (f)	セルビア	serubia
Slovaquie (f)	スロバキア	surobakia
Slovénie (f)	スロベニア	surobenia
Suède (f)	スウェーデン	suwēden
Suisse (f)	スイス	suisu
Surinam (m)	スリナム	surinamu
Syrie (f)	シリア	shiria
Tadjikistan (m)	タジキスタン	tajikisutan
Taïwan (m)	台湾	taiwan
Tanzanie (f)	タンザニア	tanzania
Tasmanie (f)	タスマニア	tasumania
Thaïlande (f)	タイ	tai
Tunisie (f)	チュニジア	chunijia
Turkménistan (m)	トルクメニスタン	torukumenisutan
Turquie (f)	トルコ	toruko
Ukraine (f)	ウクライナ	ukuraina
Uruguay (m)	ウルグアイ	uruguai
Vatican (m)	バチカン	bachikan
Venezuela (f)	ベネズエラ	benezuera
Vietnam (m)	ベトナム	betonamu
Zanzibar (m)	ザンジバル	zanjibaru

T&P BOOKS

GLOSSAIRE
GASTRONOMIQUE

Cette section contient
beaucoup de mots associés
à la nourriture. Ce dictionnaire
vous facilitera la tâche
de comprendre le menu
et de commander le bon plat
au restaurant

T&P Books Publishing

épi (m)	花穂	kasui
épice (f)	香辛料	kōshinryō
épinard (m)	ホウレンソウ	hōrensō
œuf (m)	卵	tamago
abricot (m)	アンズ［杏子］	anzu
addition (f)	お勘定	okanjō
ail (m)	ニンニク	ninniku
airelle (f) rouge	コケモモ	kokemomo
amande (f)	アーモンド	āmondo
amanite (f) tue-mouches	ベニテングタケ ［紅天狗茸］	benitengu take
amer (adj)	苦い	nigai
ananas (m)	パイナップル	painappuru
anguille (f)	ウナギ［鰻］	unagi
anis (m)	アニス	anisu
apéritif (m)	アペリティフ	aperitifu
appétit (m)	食欲	shokuyoku
arrière-goût (m)	後味	atoaji
artichaut (m)	アーティチョーク	ātichōku
asperge (f)	アスパラガス	asuparagasu
assiette (f)	皿	sara
aubergine (f)	ナス	nasu
avec de la glace	氷入りの	kōri iri no
avocat (m)	アボカド	abokado
avoine (f)	オーツムギ［オーツ麦］	ōtsu mugi
bacon (m)	ベーコン	bēkon
baie (f)	ベリー	berī
baies (f pl)	ベリー	berī
banane (f)	バナナ	banana
bar (m)	パブ、バー	pabu, bā
barman (m)	バーテンダー	bātendā
basilic (m)	バジル	bajiru
betterave (f)	テーブルビート	tēburu bīto
beurre (m)	バター	batā
bière (f)	ビール	bīru
bière (f) blonde	ライトビール	raito bīru
bière (f) brune	黒ビール	kuro bīru
biscuit (m)	クッキー	kukkī
blé (m)	コムギ［小麦］	komugi
blanc (m) d'œuf	卵の白身	tamago no shiromi
boisson (f) non alcoolisée	炭酸飲料	tansan inryō
boissons (f pl) alcoolisées	アルコール	arukōru

bolet (m) bai	ヤマイグチ	yamaiguchi
bolet (m) orangé	アカエノキンチャ ヤマイグチ	akaenokincha yamaiguchi
bon (adj)	美味しい	oishī
Bon appétit!	どうぞお召し上がり 下さい！	dōzo o meshiagarikudasai!
bonbon (m)	キャンディー	kyandī
bouillie (f)	ポリッジ	porijji
bouillon (m)	ブイヨン	buiyon
boulette (f)	クロケット	kuroketto
brème (f)	ブリーム	burīmu
brochet (m)	カワカマス	kawakamasu
brocoli (m)	ブロッコリー	burokkorī
cèpe (m)	ヤマドリタケ	yamadori take
céleri (m)	セロリ	serori
céréales (f pl)	禾穀類	kakokurui
cacahuète (f)	ピーナッツ	pīnattsu
café (m)	コーヒー	kōhī
café (m) au lait	ミルク入りコーヒー	miruku iri kōhī
café (m) noir	ブラックコーヒー	burakku kōhī
café (m) soluble	インスタントコーヒー	insutanto kōhī
calamar (m)	イカ	ika
calorie (f)	カロリー	karorī
canard (m)	ダック	dakku
canneberge (f)	クランベリー	kuranberī
cannelle (f)	シナモン	shinamon
cappuccino (m)	カプチーノ	kapuchīno
carotte (f)	ニンジン［人参］	ninjin
carpe (f)	コイ［鯉］	koi
carte (f)	メニュー	menyū
carte (f) des vins	ワインリスト	wain risuto
cassis (m)	クロスグリ	kuro suguri
caviar (m)	キャピア	kyabia
cerise (f)	サワー チェリー	sawā cherī
champagne (m)	シャンパン	shanpan
champignon (m)	キノコ［茸］	kinoko
champignon (m) comestible	食用キノコ	shokuyō kinoko
champignon (m) vénéneux	毒キノコ	doku kinoko
chaud (adj)	熱い	atsui
chocolat (m)	チョコレート	chokorēto
chou (m)	キャベツ	kyabetsu
chou (m) de Bruxelles	メキャベツ	mekyabetsu
chou-fleur (m)	カリフラワー	karifurawā
citron (m)	レモン	remon
clou (m) de girofle	クローブ	kurōbu
cocktail (m)	カクテル	kakuteru
cocktail (m) au lait	ミルクセーキ	miruku sēki
cognac (m)	コニャック	konyakku
concombre (m)	きゅうり［胡瓜］	kyūri
condiment (m)	調味料	chōmiryō

confiserie (f)	菓子類	kashi rui
confiture (f)	ジャム	jamu
confiture (f)	ジャム	jamu
congelé (adj)	冷凍の	reitō no
conserves (f pl)	缶詰	kanzume
coriandre (m)	コリアンダー	koriandā
courgette (f)	ズッキーニ	zukkīni
couteau (m)	ナイフ	naifu
crème (f)	クリーム	kurīmu
crème (f) aigre	サワークリーム	sawā kurīmu
crème (f) au beurre	バタークリーム	batā kurīmu
crabe (m)	カニ ［蟹］	kani
crevette (f)	エビ	ebi
cuillère (f)	スプーン	supūn
cuillère (f) à soupe	大さじ ［大匙］	ōsaji
cuisine (f)	料理	ryōri
cuisse (f)	ガモン	gamon
cuit à l'eau (adj)	煮た	ni ta
cumin (m)	キャラウェイ	kyarawei
cure-dent (m)	つまようじ ［爪楊枝］	tsumayōji
déjeuner (m)	昼食	chūshoku
dîner (m)	夕食	yūshoku
datte (f)	デーツ	dētsu
dessert (m)	デザート	dezāto
dinde (f)	七面鳥	shichimenchō
du bœuf	牛肉	gyū niku
du mouton	子羊肉	kohitsuji niku
du porc	豚肉	buta niku
du veau	子牛肉	kōshi niku
eau (f)	水	mizu
eau (f) minérale	ミネラルウォーター	mineraru wōtā
eau (f) potable	飲用水	inyō sui
en chocolat (adj)	チョコレートの	chokorēto no
esturgeon (m)	チョウザメ	chōzame
fèves (f pl)	豆類	mamerui
farce (f)	挽肉	hikiniku
farine (f)	小麦粉	komugiko
fenouil (m)	ディル	diru
feuille (f) de laurier	ローリエ	rōrie
figue (f)	イチジク	ichijiku
flétan (m)	ハリバット	haribatto
flet (m)	カレイ ［鰈］	karei
foie (m)	レバー	rebā
fourchette (f)	フォーク	fōku
fraise (f)	イチゴ （苺）	ichigo
fraise (f) des bois	ノイチゴ ［野いちご］	noichigo
framboise (f)	ラズベリー （木苺）	razuberī
frit (adj)	揚げた	age ta
froid (adj)	冷たい	tsumetai
fromage (m)	チーズ	chīzu
fruit (m)	果物	kudamono
fruits (m pl)	果物	kudamono

fruits (m pl) de mer	魚介	gyokai
fumé (adj)	薫製の	kunsei no
gâteau (m)	ケーキ	kēki
gâteau (m)	パイ	pai
garniture (f)	フィリング	firingu
garniture (f)	付け合わせ	tsukeawase
gaufre (f)	ワッフル	waffuru
gazeuse (adj)	炭酸の	tansan no
gibier (m)	獲物	emono
gin (m)	ジン	jin
gingembre (m)	生姜、ジンジャー	shōga, jinjā
girolle (f)	アンズタケ［杏茸］	anzu take
glace (f)	氷	kōri
glace (f)	アイスクリーム	aisukurīmu
glucides (m pl)	炭水化物	tansuikabutsu
goût (m)	味	aji
gomme (f) à mâcher	チューインガム	chūin gamu
grains (m pl)	穀物	kokumotsu
grenade (f)	ザクロ	zakuro
groseille (f) rouge	フサスグリ	fusa suguri
groseille (f) verte	セイヨウスグリ	seiyō suguri
gruau (m)	穀物	kokumotsu
hamburger (m)	ハンバーガー	hanbāgā
hareng (m)	ニシン	nishin
haricot (m)	金時豆	kintoki mame
hors-d'œuvre (m)	前菜	zensai
huître (f)	カキ［牡蠣］	kaki
huile (f) d'olive	オリーブ油	orību yu
huile (f) de tournesol	ひまわり油	himawari yu
huile (f) végétale	植物油	shokubutsu yu
jambon (m)	ハム	hamu
jaune (m) d'œuf	卵の黄身	tamago no kimi
jus (m)	ジュース	jūsu
jus (m) d'orange	オレンジジュース	orenji jūsu
jus (m) de tomate	トマトジュース	tomato jūsu
jus (m) pressé	搾りたてのジュース	shibori tate no jūsu
kiwi (m)	キウイ	kiui
légumes (m pl)	野菜	yasai
lait (m)	乳、ミルク	nyū, miruku
lait (m) condensé	練乳	rennyū
laitue (f), salade (f)	レタス	retasu
langoustine (f)	伊勢エビ	ise ebi
langue (f)	タン	tan
lapin (m)	兎肉	usagi niku
lard (m)	ラード	rādo
lentille (f)	レンズマメ［レンズ豆］	renzu mame
les œufs	卵	tamago
les œufs brouillés	目玉焼き	medamayaki
limonade (f)	レモネード	remonēdo
lipides (m pl)	脂肪	shibō
liqueur (f)	リキュール	rikyūru
mûre (f)	ブラックベリー	burakku berī

maïs (m)	トウモロコシ	tōmorokoshi
maïs (m)	トウモロコシ	tōmorokoshi
mandarine (f)	マンダリン	mandarin
mangue (f)	マンゴー	mangō
maquereau (m)	サバ [鯖]	saba
margarine (f)	マーガリン	māgarin
mariné (adj)	酢漬けの	suzuke no
marmelade (f)	マーマレード	māmarēdo
melon (m)	メロン	meron
merise (f)	スイート チェリー	suīto cherī
miel (m)	蜂蜜	hachimitsu
miette (f)	くず	kuzu
millet (m)	キビ [黍]	kibi
morceau (m)	一切れ	ichi kire
morille (f)	アミガサタケ [網笠茸]	amigasa take
morue (f)	タラ [鱈]	tara
moutarde (f)	マスタード	masutādo
myrtille (f)	ビルベリー	biruberī
navet (m)	カブ	kabu
noisette (f)	ヘーゼルナッツ	hēzeru nattsu
noix (f)	クルミ（胡桃）	kurumi
noix (f) de coco	ココナッツ	koko nattsu
nouilles (f pl)	麺	men
nourriture (f)	食べ物	tabemono
oie (f)	ガチョウ	gachō
oignon (m)	たまねぎ [玉葱]	tamanegi
olives (f pl)	オリーブ	orību
omelette (f)	オムレツ	omuretsu
orange (f)	オレンジ	orenji
orge (f)	オオムギ [大麦]	ōmugi
oronge (f) verte	タマゴテングタケ [卵天狗茸]	tamagotengu take
ouvre-boîte (m)	缶切り	kankiri
ouvre-bouteille (m)	栓抜き	sen nuki
pâté (m)	パテ	pate
pâtes (m pl)	パスタ	pasuta
pétales (m pl) de maïs	コーンフレーク	kōn furēku
pétillante (adj)	発泡性の	happō sei no
pêche (f)	モモ [桃]	momo
pain (m)	パン	pan
pamplemousse (m)	グレープフルーツ	gurēbu furūtsu
papaye (f)	パパイヤ	papaiya
paprika (m)	パプリカ	papurika
pastèque (f)	スイカ	suika
peau (f)	皮	kawa
perche (f)	ヨーロピアンパーチ	yōropian pāchi
persil (m)	パセリ	paseri
petit déjeuner (m)	朝食	chōshoku
petite cuillère (f)	茶さじ	cha saji
pistaches (f pl)	ピスタチオ	pisutachio
pizza (f)	ピザ	piza
plat (m)	料理	ryōri

plate (adj)	無炭酸の	mu tansan no
poire (f)	洋梨	yōnashi
pois (m)	エンドウ	endō
poisson (m)	魚	sakana
poivre (m) noir	黒コショウ	kuro koshō
poivre (m) rouge	赤唐辛子	aka tōgarashi
poivron (m)	コショウ	koshō
pomme (f)	リンゴ	ringo
pomme (f) de terre	ジャガイモ	jagaimo
portion (f)	一人前	ichi ninmae
potiron (m)	カボチャ	kabocha
poulet (m)	鶏	niwatori
pourboire (m)	チップ	chippu
protéines (f pl)	タンパク質［蛋白質］	tanpaku shitsu
prune (f)	プラム	puramu
pudding (m)	プディング	pudingu
purée (f)	マッシュポテト	masshupoteto
régime (m)	ダイエット	daietto
rôti (m)	シチュー	shichū
radis (m)	ハツカダイコン	hatsukadaikon
rafraîchissement (m)	清涼飲料水	seiryōinryōsui
raifort (m)	セイヨウワサビ	seiyō wasabi
raisin (m)	ブドウ［葡萄］	budō
raisin (m) sec	レーズン	rēzun
recette (f)	レシピ	reshipi
requin (m)	サメ［鮫］	same
rhum (m)	ラム酒	ramu shu
riz (m)	米	kome
russule (f)	ベニタケ［紅茸］	beni take
sésame (m)	ゴマ［胡麻］	goma
safran (m)	サフラン	safuran
salé (adj)	塩味の	shioaji no
salade (f)	サラダ	sarada
sandre (f)	ザンダー	zandā
sandwich (m)	サンドイッチ	sandoicchi
sans alcool	ノンアルコールの	non arukÔru no
sardine (f)	イワシ	iwashi
sarrasin (m)	ソバ［蕎麦］	soba
sauce (f)	ソース	sōsu
sauce (f) mayonnaise	マヨネーズ	mayonēzu
saucisse (f)	ソーセージ	sōsēji
saucisson (m)	ソーセージ	sōsēji
saumon (m)	サケ［鮭］	sake
saumon (m) atlantique	タイセイヨウサケ ［大西洋鮭］	taiseiyō sake
sec (adj)	干した	hoshi ta
seigle (m)	ライムギ［ライ麦］	raimugi
sel (m)	塩	shio
serveur (m)	ウェイター	weitā
serveuse (f)	ウェートレス	wētoresu
silure (m)	ナマズ	namazu
soja (m)	ダイズ［大豆］	daizu

soucoupe (f)	ソーサー	sōsā
soupe (f)	スープ	sūpu
spaghettis (m pl)	スパゲッティ	supagetti
steak (m)	ビーフステーキ	bīfusutēki
sucré (adj)	甘い	amai
sucre (m)	砂糖	satō
tarte (f)	ケーキ	kēki
tasse (f)	カップ	kappu
thé (m)	茶	cha
thé (m) noir	紅茶	kō cha
thé (m) vert	緑茶	ryoku cha
thon (m)	マグロ［鮪］	maguro
tire-bouchon (m)	コルク抜き	koruku nuki
tomate (f)	トマト	tomato
tranche (f)	スライス	suraisu
truite (f)	マス［鱒］	masu
végétarien (adj)	ベジタリアン用の	bejitarian yōno
végétarien (m)	ベジタリアン	bejitarian
verdure (f)	青物	aomono
vermouth (m)	ベルモット	berumotto
verre (m)	ガラスのコップ	garasu no koppu
verre (m) à vin	ワイングラス	wain gurasu
viande (f)	肉	niku
vin (m)	ワイン	wain
vin (m) blanc	白ワイン	shiro wain
vin (m) rouge	赤ワイン	aka wain
vinaigre (m)	酢、ビネガー	su, binegā
vitamine (f)	ビタミン	bitamin
vodka (f)	ウォッカ	wokka
whisky (m)	ウイスキー	uisukī
yogourt (m)	ヨーグルト	yōguruto

アーモンド	āmondo	amande (f)
アーティチョーク	ātichōku	artichaut (m)
アボカド	abokado	avocat (m)
揚げた	age ta	frit (adj)
味	aji	goût (m)
アイスクリーム	aisukurīmu	glace (f)
赤ワイン	aka wain	vin (m) rouge
赤唐辛子	aka tōgarashi	poivre (m) rouge
アカエノキンチャ ヤマイグチ	akaenokincha yamaiguchi	bolet (m) orangé
甘い	amai	sucré (adj)
アミガサタケ［網笠茸］	amigasa take	morille (f)
アンズ［杏子］	anzu	abricot (m)
アンズタケ［杏茸］	anzu take	girolle (f)
アニス	anisu	anis (m)
青物	aomono	verdure (f)
アペリティフ	aperitifu	apéritif (m)
アルコール	arukōru	boissons (f pl) alcoolisées
アスパラガス	asuparagasu	asperge (f)
後味	atoaji	arrière-goût (m)
熱い	atsui	chaud (adj)
バーテンダー	bātendā	barman (m)
バジル	bajiru	basilic (m)
バナナ	banana	banane (f)
バター	batā	beurre (m)
バタークリーム	batā kurīmu	crème (f) au beurre
ビール	bīru	bière (f)
ビーフステーキ	bīfusutēki	steak (m)
ビルベリー	biruberī	myrtille (f)
ビタミン	bitamin	vitamine (f)
ブドウ［葡萄］	budō	raisin (m)
ブイヨン	buiyon	bouillon (m)
ブラックベリー	burakku berī	mûre (f)
ブラックコーヒー	burakku kōhī	café (m) noir
ブリーム	burīmu	brème (f)
ブロッコリー	burokkorī	brocoli (m)
豚肉	buta niku	du porc
ベーコン	bēkon	bacon (m)
ベジタリアン	bejitarian	végétarien (m)
ベジタリアン用の	bejitarian yōno	végétarien (adj)
ベニタケ［紅茸］	beni take	russule (f)
ベニテングタケ ［紅天狗茸］	benitengu take	amanite (f) tue-mouches

ベリー	berī	baie (f)
ベリー	berī	baies (f pl)
ベルモット	berumotto	vermouth (m)
ワイン	wain	vin (m)
ワイングラス	wain gurasu	verre (m) à vin
ワインリスト	wain risuto	carte (f) des vins
ワッフル	waffuru	gaufre (f)
ウェイター	weitā	serveur (m)
ウォッカ	wokka	vodka (f)
ウェートレス	wētoresu	serveuse (f)
ガモン	gamon	cuisse (f)
ガラスのコップ	garasu no koppu	verre (m)
ガチョウ	gachō	oie (f)
魚介	gyokai	fruits (m pl) de mer
ゴマ [胡麻]	goma	sésame (m)
グレープフルーツ	gurēbu furūtsu	pamplemousse (m)
牛肉	gyū niku	du bœuf
ダイズ [大豆]	daizu	soja (m)
ダイエット	daietto	régime (m)
ダック	dakku	canard (m)
ザクロ	zakuro	grenade (f)
ザンダー	zandā	sandre (f)
ズッキーニ	zukkīni	courgette (f)
前菜	zensai	hors-d'œuvre (m)
ディル	diru	fenouil (m)
どうぞお召し上がり下さい！	dōzo o meshiagarikudasai!	Bon appétit!
毒キノコ	doku kinoko	champignon (m) vénéneux
デーツ	dētsu	datte (f)
デザート	dezāto	dessert (m)
エンドウ	endō	pois (m)
ヨーグルト	yōguruto	yogourt (m)
洋梨	yōnashi	poire (f)
ヨーロピアンパーチ	yōropian pāchi	perche (f)
ジャガイモ	jagaimo	pomme (f) de terre
ジャム	jamu	confiture (f)
ジャム	jamu	confiture (f)
ジン	jin	gin (m)
ジュース	jūsu	jus (m)
イワシ	iwashi	sardine (f)
イカ	ika	calamar (m)
飲用水	inyō sui	eau (f) potable
インスタントコーヒー	insutanto kōhī	café (m) soluble
伊勢エビ	ise ebi	langoustine (f)
一切れ	ichi kire	morceau (m)
一人前	ichi ninmae	portion (f)
イチゴ（苺）	ichigo	fraise (f)
イチジク	ichijiku	figue (f)
カボチャ	kabocha	potiron (m)
カブ	kabu	navet (m)
皮	kawa	peau (f)

カワカマス	kawakamasu	brochet (m)
カキ［牡蠣］	kaki	huître (f)
禾穀類	kakokurui	céréales (f pl)
カクテル	kakuteru	cocktail (m)
缶詰	kanzume	conserves (f pl)
カニ［蟹］	kani	crabe (m)
缶切り	kankiri	ouvre-boîte (m)
カップ	kappu	tasse (f)
カプチーノ	kapuchīno	cappuccino (m)
カリフラワー	karifurawā	chou-fleur (m)
カロリー	karorī	calorie (f)
カレイ［鰈］	karei	flet (m)
花穂	kasui	épi (m)
菓子類	kashi rui	confiserie (f)
キビ［黍］	kibi	millet (m)
キノコ［茸］	kinoko	champignon (m)
金時豆	kintoki mame	haricot (m)
キウイ	kiui	kiwi (m)
紅茶	kō cha	thé (m) noir
コーンフレーク	kōn furēku	pétales (m pl) de maïs
氷	kōri	glace (f)
氷入りの	kōri iri no	avec de la glace
コーヒー	kōhī	café (m)
子牛肉	kōshi niku	du veau
香辛料	kōshinryō	épice (f)
コイ［鯉］	koi	carpe (f)
ココナッツ	koko nattsu	noix (f) de coco
穀物	kokumotsu	gruau (m)
穀物	kokumotsu	grains (m pl)
コケモモ	kokemomo	airelle (f) rouge
コムギ［小麦］	komugi	blé (m)
小麦粉	komugiko	farine (f)
米	kome	riz (m)
コニャック	konyakku	cognac (m)
コリアンダー	koriandā	coriandre (m)
コルク抜き	koruku nuki	tire-bouchon (m)
子羊肉	kohitsuji niku	du mouton
コショウ	koshō	poivron (m)
果物	kudamono	fruit (m)
果物	kudamono	fruits (m pl)
くず	kuzu	miette (f)
クッキー	kukkī	biscuit (m)
薫製の	kunsei no	fumé (adj)
クランベリー	kuranberī	canneberge (f)
クリーム	kurīmu	crème (f)
黒ビール	kuro bīru	bière (f) brune
黒コショウ	kuro koshō	poivre (m) noir
クロスグリ	kuro suguri	cassis (m)
クローブ	kurōbu	clou (m) de girofle
クロケット	kuroketto	boulette (f)
クルミ（胡桃）	kurumi	noix (f)
ケーキ	kēki	gâteau (m)

ケーキ	kēki	tarte (f)
きゅうり [胡瓜]	kyūri	concombre (m)
キャビア	kyabia	caviar (m)
キャベツ	kyabetsu	chou (m)
キャンディー	kyandī	bonbon (m)
キャラウェイ	kyarawei	cumin (m)
マーガリン	māgarin	margarine (f)
マーマレード	māmarēdo	marmelade (f)
マグロ [鮪]	maguro	thon (m)
マヨネーズ	mayonēzu	sauce (f) mayonnaise
豆類	mamerui	fèves (f pl)
マンゴー	mangō	mangue (f)
マンダリン	mandarin	mandarine (f)
マス [鱒]	masu	truite (f)
マスタード	masutādo	moutarde (f)
マッシュポテト	masshupoteto	purée (f)
水	mizu	eau (f)
ミネラルウォーター	mineraru wōtā	eau (f) minérale
ミルク入りコーヒー	miruku iri kōhī	café (m) au lait
ミルクセーキ	miruku sēki	cocktail (m) au lait
モモ [桃]	momo	pêche (f)
無炭酸の	mu tansan no	plate (adj)
目玉焼き	medamayaki	les œufs brouillés
メキャベツ	mekyabetsu	chou (m) de Bruxelles
麺	men	nouilles (f pl)
メニュー	menyū	carte (f)
メロン	meron	melon (m)
ナイフ	naifu	couteau (m)
ナマズ	namazu	silure (m)
ナス	nasu	aubergine (f)
煮た	ni ta	cuit à l'eau (adj)
鶏	niwatori	poulet (m)
苦い	nigai	amer (adj)
肉	niku	viande (f)
ニンジン [人参]	ninjin	carotte (f)
ニンニク	ninniku	ail (m)
ニシン	nishin	hareng (m)
ノイチゴ [野いちご]	noichigo	fraise (f) des bois
ノンアルコールの	non arukŌru no	sans alcool
乳、ミルク	nyū, miruku	lait (m)
オオムギ [大麦]	ōmugi	orge (f)
大さじ [大匙]	ōsaji	cuillère (f) à soupe
オーツムギ [オーツ麦]	ōtsu mugi	avoine (f)
美味しい	oishī	bon (adj)
お勘定	okanjō	addition (f)
オムレツ	omuretsu	omelette (f)
オリーブ	orību	olives (f pl)
オリーブ油	orību yu	huile (f) d'olive
オレンジ	orenji	orange (f)
オレンジジュース	orenji jūsu	jus (m) d'orange
パブ、バー	pabu, bā	bar (m)
パイナップル	painappuru	ananas (m)

パイ	pai	gâteau (m)
パン	pan	pain (m)
パパイヤ	papaiya	papaye (f)
パプリカ	papurika	paprika (m)
パスタ	pasuta	pâtes (m pl)
パセリ	paseri	persil (m)
パテ	pate	pâté (m)
ピーナッツ	pīnattsu	cacahuète (f)
ピザ	piza	pizza (f)
ピスタチオ	pisutachio	pistaches (f pl)
ポリッジ	porijji	bouillie (f)
プディング	pudingu	pudding (m)
プラム	puramu	prune (f)
ラード	rādo	lard (m)
ラズベリー（木苺）	razuberī	framboise (f)
ライムギ［ライ麦］	raimugi	seigle (m)
ライトビール	raito bīru	bière (f) blonde
ラム酒	ramu shu	rhum (m)
料理	ryōri	plat (m)
料理	ryōri	cuisine (f)
緑茶	ryoku cha	thé (m) vert
リキュール	rikyūru	liqueur (f)
リンゴ	ringo	pomme (f)
ローリエ	rōrie	feuille (f) de laurier
レーズン	rēzun	raisin (m) sec
レバー	rebā	foie (m)
冷凍の	reitō no	congelé (adj)
レモン	remon	citron (m)
レモネード	remonēdo	limonade (f)
レンズマメ［レンズ豆］	renzu mame	lentille (f)
練乳	rennyū	lait (m) condensé
レタス	retasu	laitue (f), salade (f)
レシピ	reshipi	recette (f)
サバ［鯖］	saba	maquereau (m)
サワークリーム	sawā kurīmu	crème (f) aigre
サワー チェリー	sawā cherī	cerise (f)
魚	sakana	poisson (m)
サケ［鮭］	sake	saumon (m)
サメ［鮫］	same	requin (m)
サンドイッチ	sandoicchi	sandwich (m)
皿	sara	assiette (f)
サラダ	sarada	salade (f)
砂糖	satō	sucre (m)
サフラン	safuran	safran (m)
ソーサー	sōsā	soucoupe (f)
ソース	sōsu	sauce (f)
ソーセージ	sōsēji	saucisson (m)
ソーセージ	sōsēji	saucisse (f)
ソバ［蕎麦］	soba	sarrasin (m)
酢、ビネガー	su, binegā	vinaigre (m)
スープ	sūpu	soupe (f)
酢漬けの	suzuke no	mariné (adj)

スイート チェリー	suīto cherī	merise (f)
スイカ	suika	pastèque (f)
スパゲッティ	supagetti	spaghettis (m pl)
スプーン	supūn	cuillère (f)
スライス	suraisu	tranche (f)
セイヨウワサビ	seiyō wasabi	raifort (m)
セイヨウスグリ	seiyō suguri	groseille (f) verte
清涼飲料水	seiryōinryōsui	rafraîchissement (m)
栓抜き	sen nuki	ouvre-bouteille (m)
セロリ	serori	céleri (m)
食べ物	tabemono	nourriture (f)
タイセイヨウサケ [大西洋鮭]	taiseiyō sake	saumon (m) atlantique
卵	tamago	œuf (m)
卵	tamago	les œufs
卵の黄身	tamago no kimi	jaune (m) d'œuf
卵の白身	tamago no shiromi	blanc (m) d'œuf
タマゴテングタケ [卵天狗茸]	tamagotengu take	oronge (f) verte
たまねぎ [玉葱]	tamanegi	oignon (m)
タン	tan	langue (f)
タンパク質 [蛋白質]	tanpaku shitsu	protéines (f pl)
炭酸飲料	tansan inryō	boisson (f) non alcoolisée
炭酸の	tansan no	gazeuse (adj)
炭水化物	tansuikabutsu	glucides (m pl)
タラ [鱈]	tara	morue (f)
トウモロコシ	tōmorokoshi	maïs (m)
トウモロコシ	tōmorokoshi	maïs (m)
トマト	tomato	tomate (f)
トマトジュース	tomato jūsu	jus (m) de tomate
テーブルビート	tēburu bīto	betterave (f)
ウイスキー	uisukī	whisky (m)
ウナギ [鰻]	unagi	anguille (f)
兎肉	usagi niku	lapin (m)
フィリング	firingu	garniture (f)
フォーク	fōku	fourchette (f)
フサスグリ	fusa suguri	groseille (f) rouge
ハム	hamu	jambon (m)
ハンバーガー	hanbāgā	hamburger (m)
発泡性の	happō sei no	pétillante (adj)
ハリバット	haribatto	flétan (m)
ハツカダイコン	hatsukadaikon	radis (m)
蜂蜜	hachimitsu	miel (m)
挽肉	hikiniku	farce (f)
ひまわり油	himawari yu	huile (f) de tournesol
ホウレンソウ	hōrensō	épinard (m)
干した	hoshi ta	sec (adj)
ヘーゼルナッツ	hēzeru nattsu	noisette (f)
付け合わせ	tsukeawase	garniture (f)
つまようじ [爪楊枝]	tsumayōji	cure-dent (m)
冷たい	tsumetai	froid (adj)

茶	cha	thé (m)
茶さじ	cha saji	petite cuillère (f)
チーズ	chīzu	fromage (m)
チップ	chippu	pourboire (m)
チョウザメ	chōzame	esturgeon (m)
調味料	chōmiryō	condiment (m)
朝食	chōshoku	petit déjeuner (m)
チョコレート	chokorēto	chocolat (m)
チョコレートの	chokorēto no	en chocolat (adj)
チューインガム	chūin gamu	gomme (f) à mâcher
昼食	chūshoku	déjeuner (m)
シャンパン	shanpan	champagne (m)
脂肪	shibō	lipides (m pl)
搾りたてのジュース	shibori tate no jūsu	jus (m) pressé
シナモン	shinamon	cannelle (f)
塩	shio	sel (m)
塩味の	shioaji no	salé (adj)
白ワイン	shiro wain	vin (m) blanc
七面鳥	shichimenchuō	dinde (f)
シチュー	shichū	rôti (m)
生姜、ジンジャー	shōga, jinjā	gingembre (m)
植物油	shokubutsu yu	huile (f) végétale
食用キノコ	shokuyō kinoko	champignon (m) comestible
食欲	shokuyoku	appétit (m)
エビ	ebi	crevette (f)
獲物	emono	gibier (m)
夕食	yūshoku	dîner (m)
ヤマドリタケ	yamadori take	cèpe (m)
ヤマイグチ	yamaiguchi	bolet (m) bai
野菜	yasai	légumes (m pl)